臨床心理学 19-4（通巻112号）

# ［特集］公認心理師のための法律入門 —— 仕事に役立つ法と制度の必携知識

**1　総論**

公認心理師の仕事にまつわる法と制度 ……………………………………………… 境　泉洋　383

座談会 公認心理師のための法律入門 ……………… 廣瀬健二・山名　学・橋本和明・境　泉洋　386

**2　医療・保健**

行政関連——精神保健福祉センター ……………………………………………… 邑口紀子　398

一般医療（1）——母子医療 ……………………………………………………… 出﨑　躍　401

一般医療（2）——高齢者医療 …………………………………………………… 元永拓郎　405

精神科病院——公認心理師の業務に関わる法と制度 ……………………………… 武田知也　409

**3　教育**

スクールカウンセリング——スクールカウンセラーに必要な法律知識 ……………… 増田健太郎　413

学生相談 ……………………………………………… 齋藤暢一朗・児矢野マリ　417

特別支援教育 …………………………………………………………………… 篁　倫子　420

子ども・若者総合相談センター …………………………………………………… 数山和己　423

**4　福祉**

児童福祉 ………………………………………………………………………… 早樫一男　426

母子福祉 ………………………………………………………………………… 米田弘枝　430

高齢者福祉 ……………………………………………………………………… 風間雅江　434

障害者福祉 ……………………………………………………………………… 松田裕次郎　437

**5　産業・組織**

企業内産業保健（1）——メンタルヘルス ……………………………………… 大塚泰正　441

企業内産業保健（2）——人事労務 ……………………………………………… 平松利麻　444

企業内産業保健（3）——ハラスメント …………………………………………… 涌井美和子　448

EAP …………………………………………………………………………… 長見まき子　451

**6　司法・矯正**

刑事司法 ………………………………………………………………………… 川島ゆか　454

少年司法（施設内処遇） ………………………………………………………… 鉄島清毅　457

少年・刑事司法（社会内処遇） …………………………………………………… 押切久遠　461

家事司法・民事司法 ……………………………………………………………… 植杉永美子　465

---

**投稿**

**資料**　感情調整が困難な青年に対する「感情予測と問題解決のためのシステムズトレーニング（STEPPS）」短縮版の予備的検討
　大久保智紗・寺島　瞳・山田圭介・
　伊里綾子・藤里紘子・宮前光宏　471

---

**連続講座**

**はじめてまなぶ自閉スペクトラム症**
　第5回「自閉スペクトラム症に対する地域支援システム」
　　　　　　　　　　　本田秀夫　479

**リレー連載**

**臨床心理学・最新研究レポート シーズン3**
　第17回「認知症患者の介入前の認知機能と脳容積
　から非薬物療法の効果を予測する」　田部井賢一　485

**主題と変奏——臨床便り**
　第37回「赦し・祈り・光——カンボジア体験記」
　　　　　　　　　　　山本智子　490

**書評**　491

野口裕二 著『ナラティヴと共同性——自助グループ・当事者研究・オープンダイアローグ』（評者：横山草介）／フィリップ・J・フローレス 著『愛着障害としてのアディクション』（評者：森田展彰）／スティーブン・シュライン 著『クリニカル・エリクソン——その精神分析の方法：治療的かかわりと活性化』（評者：吉田三紀）／村瀬嘉代子 著『ジェネラリストとしての心理臨床家——クライエントと大切な事実をどう分かち合うか』（評者：村上伸治）／ジョン・ワトキンスほか 著『自我状態療法——理論と実践』（評者：田辺　肇）

『臨床心理学』増刊第11号「当事者研究をはじめよう」刊行予告 468 ／次号予告 469 ／実践研究論文の投稿のお誘い 477 ／投稿規定 497 ／編集後記 498

第12回（2019年度）関西森田療法セミナー（入門コース）416 ／ ACTA 第11回秋のワークショップ 440

動画で学ぶ
# オンラインプログラム
**無料**

1秒で相手の状態を知るトラッキングの技術でクライエントの心を癒していく

## NY最先端の心理療法

[臨床心理士] [学校心理士] [臨床発達心理士] [認定心理士] [各療法士] [セラピスト]
[スクールカウンセラー] [心理カウンセラー] [産業カウンセラー] [コーチ] [コンサル]

AEDP（加速化体験力動療法）の公認資格を有する唯一の日本人であり、NYのマンハッタンで開業に成功した花川ゆう子臨床心理学博士。そんな彼女が教える世界30カ国以上で展開するNY最先端の心理療法。

### こんな人にオススメ

- もっと自分のセッションスキルを高めたい。
- 自分の技術に自信が持てない。
- ブレークスルーが起こらない。
- 人を癒す仕事をしながら収入を上げたい。
- 独立開業をして充実した仕事をしたい。

## Contents

- クライエントの状態を瞬時に見抜くテクニック。
- 世界最先端の心療法。
- 2〜4倍の速度でクライエントを癒す方法。
- 1回のセッションで変容を実感頂く技術。
- クライエントとの信頼関係の構築方法。
- AEDPの特徴を日本語で学べる。
- トラッキング・波長合わせなどの技術。
- セラピストとして独立開業する可能性。

ニューヨーク州認定クリニカルサイコロジスト
臨床心理博士　花川 ゆう子

ニューヨーク大学修士号、精神分析心理療法派のトレーニングで知られるNYのアデルファイ大学の臨床心理学博士課程卒業。NY州認定クリニカルサイコロジストのライセンスを持つ。大学院生時代に癒しのサイコセラピーモデルであるAEDP（加速化体験力動療法：Accelerated Experiential Dynamic Psychotherapy）を教えていた創始者のダイアナ・フォーシャ博士に出会い、このモデルの持つ変容のスピード感、暖かさ、人間味あふれる優しさに惹かれ、2001年よりトレーニングを受ける。NYやボストンでの数々のトレーニングコースでスーパーバイザーとして訓練を提供し、2016年に日本人で初めてAEDP研究所のファカルティ（教員）として認定される。

心理療法無料オンラインプログラムの詳細・ご参加は右のQRコードから。　→ →　→ →

ウェブサイト：http://aedpjapan.jp/lp/index.html

[特集] 公認心理師のための法律入門──仕事に役立つ法と制度の必携知識

# 公認心理師の仕事にまつわる法と制度

境 泉洋 Motohiro Sakai
宮崎大学教育学部

## I　はじめに

　2019 年 4 月に，ついに公認心理師が誕生した。日本の心理学界における念願であった国家資格が誕生することになる。

　公認心理師の誕生に先立って，2018 年 9 月，12 月に公認心理師試験が実施された。公認心理師試験設計表（ブループリント）では，法と制度に関するキーワードが多数提示されていた。「公認心理師としての職責の自覚」（出題割合 9 ％）では，公認心理師法がまず挙げられており，公認心理師の法的義務及び倫理という中項目や，個人情報保護法関連 5 法がキーワードとして示されていた。また，大項目として「公認心理師に関係する制度」（出題割合 6 ％）が設けられていた。国家資格である公認心理師には，法や制度が必須知識として求められているのである。

## II　法と倫理

　公認心理師は，公認心理師法に基づいて厚生労働大臣と文部科学大臣が認定する国家資格である。これまでの主要な心理士資格であった臨床心理士は，公益財団法人日本臨床心理士資格認定協会が認定する資格である。公認心理師は国家資格

であるから法律を遵守しなければならないというのは理解しやすい。では臨床心理士が法を軽視してきたかというと，決してそうではない。臨床心理士もこれまで，一般社団法人日本臨床心理士会倫理綱領（以下，臨床心理士会倫理綱領）に沿って業務を行うことを求められてきた。

　法と倫理とはどのような関係にあるのだろうか。法は国家権力を背景にもち，最終的に国家の強制力が法の規範を実行することが保障されている（法令用語研究会，2012）。それに対して，職業倫理とは，ある特定の職業集団が自ら定め，その集団の構成員間の行為，あるいは，その集団の構成員による社会に対する行為について規定し，律する行動規範であるとともに，現実の問題解決の指針となるものである（金沢，2006）。法は最低限の基準を定めているのに対し，倫理綱領は職務遂行上の詳細な基準を設けているという関係にある。

　倫理にも命令倫理と努力倫理という 2 つのレベルがある。コウリーほか（2004）によると，命令倫理は，「しなければならないこと」「してはならないこと」という行動を律する最低限の規準であるのに対して，努力倫理は専門家として目指すことが期待される最高の行動規準であり，単に文言

を守る以上のことが求められている。命令倫理と努力倫理では，命令倫理のほうが法に近いといえる。また，臨床心理士会倫理綱領に記述されていることは，努力倫理に相当するといってよい。

臨床心理士が公認心理師になる場合，臨床心理士会倫理綱領には存在しなかった最低規準としての法に業務を規定されることになる。臨床心理士は，法について実際の業務を行うようになってから知ることがほとんどであろう。臨床心理士の5領域のなかで医療に従事するようになれば，医療領域において守るべき法を業務のなかで知るというのが，臨床心理士の法の学び方だったのではないだろうか。しかし，公認心理師は法に定められた国家資格であるだけに，公認心理師の5領域である，医療・保健，福祉，教育，産業・組織，司法・矯正に関する法を事前に知ることが求められている。この点は，臨床心理士と公認心理師の大きな違いであるように思われる。

## III　法の体系

本特集では，公認心理師として働く心理職が日常業務で触れることの多い法や制度について取り上げている。そのため特集総論である本稿において，法や制度にまつわる用語の関係性について整理しておきたい。具体的には，憲法，法律，政令，省令，告示，指針，通達・通知，条例，規則といった用語である。これらの用語の関係性を図に示す。憲法は日本の最高法規であり，憲法に違反する法は無効とされている（憲法98条1項）。この憲法を頂点に，国会で決議された法律，内閣が定めることができる政令，各省の大臣が政令の細部の事項を定めるために発する省令と続く。ここまでを総称して法令と呼ぶ。

法令より下の告示，通達・通知は，行政機関が制度などを運用する基準を示したものである。告示は法律や政令・省令などに基づいて決定したことを公表するものであり，ガイドラインとして出されるような指針はこの告示に相当する。また，通達・通知は法令の処理基準を知らせるために出

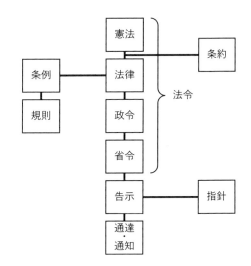

図　法の体系と倫理（中川（2018）を改訂）

されるものである。

これらとは別に，地方自治体の議会が定める法が条例である。条例は，その地方公共団体の地域内でのみ効力をもち，一定範囲の罰則を定めることができる。地方自治体独自の法として，地方公共団体の長が，その権限内の事項について定めることができるものとして規則がある。ただし，法令および条例に反する内容の規則は作ることはできない。

さらに，国際間の取り決めとして条約がある。条約は，内閣が締結し，国会が承認（批准）することによって日本国内で効力が生じる。日本では，条約と法律が矛盾しないよう，条約を批准する際には必要な法改正を行っている（中川，2018）。

## IV　本特集で取り上げる法や制度

本稿のまとめとして，本特集で取り上げられている法や制度について整理しておきたい。本特集は，座談会から始まり，医療・保健，教育，福祉，産業・組織，司法・矯正の5領域へと論を進めていく。座談会では，廣瀬健二氏（立教大学），山名学氏（元裁判官）をお迎えして，本誌編集委員から橋本和明氏（花園大学），筆者の4人で公認心理師が学んでおくべき法，そしてその学び方について意見交換をした。座談会のなかでは，刑法，

少年法，民法，行政法，商法，児童福祉法，家事事件手続法といった法律が取り上げられている。座談会では，具体的な法の内容だけではなく，法の考え方，学び方，使い方について詳しく解説していただくことができた。最も印象に残っているのが，「高い教養」としての法という考え方であった。

座談会以降の各パートで取り上げられた法のリストを以下に列記する。

- 医療・保健：精神保健福祉法，障害者総合支援法，医療観察法，母子保健法，児童福祉法，老人福祉法，医療介護総合確保推進法，健康保険法
- 教育：障害者差別解消法，刑法，学校教育法，障害者の権利に関する条約，生活困窮者自立支援法，子ども・若者育成支援推進法，若者雇用促進法
- 福祉：児童福祉法，児童虐待防止法，地方公務員法，国家公務員法，個人情報保護法，母子及び父子並びに寡婦福祉法，児童福祉法，社会福祉法，売春防止法，DV法，子ども・子育て支援法，民法，児童扶養手当法，母子保健法，障害者基本法，障害者総合支援法
- 産業・組織：労働安全衛生法，男女雇用機会均等法，労働契約法，労働基準法，会社法，個人情報保護法
- 司法・矯正：刑法，憲法，道路交通法，覚せい剤取締法，暴力行為等処罰法，ストーカー規制法，少年法，裁判所法，検察庁法，弁護士法，警察法，刑事収容施設法，収容施設法，少年鑑別所法，少年院法，更生保護法，保護司法，覚せい剤取締法，家事事件手続法，裁判所法，人事訴訟法，児童福祉法

このリストからわかることは，5領域それぞれで重視している法律がある一方で，領域を横断して取り上げられている法律もあるということである。たとえば，児童福祉法は，医療・保健，福祉，司法・矯正の3領域で取り上げられている。児童福祉法の内容からすれば，教育も当然関係してくるだろう。ほかにも，母子保健法は医療・保健と福祉の領域で取り上げられている。こうした意味では，公認心理師の業務は，5領域という分け方だけではなく，要支援者の年齢や障害の有無といった法律上の共通性で分けることができるかもしれない。

## V 本特集のねらい

法と制度は，日本国内において共通に定められたものであり，公認心理師に求められている多職種連携においても揺るぎない共通言語となる。公認心理師が共通言語に精通することで，多職種，多領域での活躍の場は大きく広がると期待される。新しく公認心理師になった人にも，これから公認心理師を目指す人にも，臨床現場でどのような法や制度が意識されているのかを知る端緒として，本特集を手にとっていただきたい。

▶文献

ジェラルド・コウリー，マネリアン・シュナイダー・コウリー，パトリック・キャラナン［村本詔司 監訳］（2004）援助専門家のための倫理問題ワークブック．創元社．

法令用語研究会 編（2012）有斐閣法令用語辞典（第4版）．有斐閣．

金沢吉展（2006）臨床心理学の倫理を学ぶ．東京大学出版会．

中川利彦（2018）法律の基礎．In：子安増生，丹野義彦 編：公認心理師エッセンシャルズ．有斐閣，pp.92-97.

特集 公認心理師のための法律入門──仕事に役立つ法と制度の必携知識

[特集] 公認心理師のための法律入門──仕事に役立つ法と制度の必携知識

# [座談会] 公認心理師のための法律入門

**廣瀬健二** Kenji Hirose
立教大学

**山名 学** Manabu Yamana
元名古屋高等裁判所長官

**橋本和明** Kazuaki Hashimoto
花園大学

**境 泉洋** Motohiro Sakai
宮崎大学

境 特集「公認心理師のための法律入門」の編集を担当いたします宮崎大学の境泉洋です。ひきこもり支援を通じて当事者や家族の方と関わるための共通言語を探すなかで自然と制度や法律に関心をもつようになり，また 2018 年度から実施された公認心理師試験における「関係行政論」の重要性が周知されたことを受け，今回の特集号を企画いたしました。この巻頭座談会では法律家のお二人をお招きして，司法分野の心理専門職でいらっしゃる橋本先生とともに，公認心理師の仕事と法律についてご意見をうかがってまいります。

廣瀬 立教大学の廣瀬健二です。現在は法科大学院と法学部で教鞭をとっており，以前は裁判官として刑事・少年事件に 30 年関わってきました。また，2016 年まで法テラスの理事もしていました。専門は刑事法，特に少年法に力を注いで研究をしています。少年事件や刑事裁判で心理職の方と一緒に働くなかで痛感するのは，検察と警察の違い，裁判の手続きや裁判所の役割など法制度の基礎を十分に理解されていないということです。関係組織や法律・制度を知らなければ専門技量も活かせませんから，過去の連載が『子どもの法律入門［第 3 版］』として

書籍化されるなど浅からぬご縁がある本誌を通じて，現状を改善できるよう，ご協力したいと考えています。

山名 元裁判官の山名学と申します。38 年間裁判官を務め，定年後に 1 年間弁護士をした後，現在は国の機関の委員をしております。裁判官時代には，家庭裁判所調査官研修所の教官や裁判所職員総合研修所の所長，家庭裁判所の所長などの経験があり，裁判官のなかでは家庭裁判所調査官との関係も長いほうですので，当時の経験や知識を踏まえて，心理職と法律あるいは法律家との関係などについてお話ししたいと考えています。

橋本 花園大学の橋本和明です。過去に家庭裁判所調査官をしており，現在は大学で犯罪心理学を教え，いくつかの犯罪心理鑑定も担当しております。これまで司法分野では家庭裁判所調査官や心理技官など公務員が専門職として任にあたってきましたが，公認心理師という国家資格になったこともあり，公務員に限らず心理職一般が司法・矯正領域に携わる機会はこれまで以上に増えていくでしょう。今回の座談会を通じて，心理職にも法制度のことをわかりやすくお伝えしていきたいと考えています。

## I　常識として知っておきたい法律知識
### ——問題解決と連携の要

境　最初に議論したいテーマは，心理職が常識として知っておくべき法律知識です。法律家でなくとも知っておくべき法律知識は何か，どの法律をどこまで知る必要があるのかなど，法律家としてのアドバイスをいただければ幸いです。

山名　本来，法律とは国会で制定したものですが，政府や省庁による政令や省令，地方公共団体（都道府県や市町村）による条例を含めることもあります。法律は合計で約2,000，政令・省令・条例を加えればさらに膨大な数に上ります。法律は刑事系と民事系に大別でき，刑事系は非行・犯罪を規律するもの，それ以外を規律するのが民事系です。社会福祉関係，医療公衆衛生関係，教育関係，労働法関係などの分野も民事系と考えていいでしょう。

　数多くの法律をすべて知ることは不可能ですし，その必要もありませんが，人を援助する立場の心理職としては，人々が社会生活を行ううえでの基本的な仕組みに関する法律知識はあったほうがよいと言えます。ここで家族がどう規定されているのかを例に挙げると，結婚（婚姻）はどのように成立するのか，離婚はどのような場合にできるのか（民法770条の離婚事由），離婚手続きにはどのようなものがあるのか（協議離婚，裁判離婚等），離婚時に何を取り決めなくてはならないのか（財産分与,子の親権者,面会交流，養育費の支払い等），夫婦間の義務とはどのようなものか（協力扶助義務），親と子の関係はどういうものか（実子と養子，親権等），誰が相続人となるのか，相続する財産の割合（相続分）はどうなるのか，遺言とはどういうものか……などがあります。これらは基本的な法律の仕組みと言えます。

　ただ一方で，心理職の方がクライエントを支援するとき，法律を知りすぎていると枠にとらわれはしないかという懸念もあります……実際

はいかがでしょうか。

境　たしかに，わたしたち心理職はクライエントの言葉や心情を重視しますから，法制度の知識とのバランスは難しいところです。しかし国家資格である公認心理師としては法制度も知らなければ能力も発揮できませんから，やはりその理解は前提になってくると考えています。

山名　そうすると基本的な仕組みに関する法律知識はある程度あったほうがよいでしょう。特に心理職の仕事に関連する制度は知っている必要がありますね。たとえば児童相談所で仕事をする場合には，児童福祉法，児童相談所という制度，役割，職員の権限などについての知識は身につけてほしい。

廣瀬　たしかに刑事と民事の違いといった法律全体の枠組みは知っておかないと，心理職自身も困るでしょうね。たとえば犯罪や非行など自分の関わる分野に応じて関係機関も違ってきますから，基本の枠組みはやはり押さえてほしい。実際には犯罪も非行とつながっていて関係機関のネットワークも切り離せないわけですから，自分が仕事をしている分野で「どのような機関で誰を対象としているのか」「どのような業務をいかなる権限で担当するのか」という基本は知っておくべきでしょう。インターネット検索は便利ですが，信用に足る情報とそうでない情報を見極める力は基礎知識があってこそ養われるということにも注意していただきたいですね。

境　情報リテラシーは重要ですね。ただ心理職からすると，「困ったときに弁護士に相談する」という行為はなかなか敷居が高いのも事実です。たとえば具体的な相談をした場合，どのように対応していただけるのでしょうか。

廣瀬　全国各地に裁判所と同数の支所がある法テラス（https://www.houterasu.or.jp/）というところでは電話相談も受け付けています。まず窓口担当が相談事項をヒアリングして，情報提供で済む問題か，それとも専門家（弁護士）に

特　集　公認心理師のための法律入門——仕事に役立つ法と制度の必携知識

廣瀬健二

相談すべき問題かを判断して，必要に応じて弁護士を紹介するシステムです。最近は弁護士が配置された児童相談所もありますから，弁護士と密につながった地方自治体から紹介してもらうこともできると思います。

橋本　法律の専門家を頼らずに対応しようとすると，余計問題が大きくなったり悪化したりという事態に陥りかねません。所属機関が単独で解決できる問題は少なくて，難しいケースほど法律家との連携が重要になってきます。

山名　基本の法律・制度がわかっていれば，問題解決のための手段や方法を考えることができたり，弁護士に相談したほうがよいかどうかの判断も容易になると思います。

境　このような連携に関連して，「スクールロイヤー制度」が始まるそうですね。

山名　「スクールロイヤー制度」は文部科学省によるいじめ対策の一環で，学校で起こった問題に弁護士が関与してアドバイスすることが期待されています。この制度も知らなければ活用はできませんし，刻一刻と変わっていく制度の最低限の知識は身につけておきたいですね。

境　弁護士への相談には費用のことも考える必要がありますよね……

廣瀬　近年は弁護士が増えたこともあって，法テラスのように積極的に多分野に進出して活動する弁護士も増えていますから，昔に比べて相談や費用の敷居は下がっているはずですよ。

境　それは我々にとって朗報です。

## II　ユーザーとしての法律・制度の学び方——座学と実学

境　法律・制度のユーザーであって専門家ではない心理職は，どうすれば効果的に法や制度を学んでいけるのでしょうか。

山名　いきなり児童福祉の基本法である児童福祉法の解説書を読んでも，守備範囲が広くてどこが大切かわかりにくいでしょう。その点，各種制度については関係省庁や関係機関が解説をした冊子や実務を説明した書籍が出版されています。たとえば「児童相談所」という機関を中心に説明した書籍，「高齢者福祉」や「障害者福祉」などテーマごとに書かれた書籍で学んでいくといいでしょう。まずは「Q&A方式」のものや「法律相談」を模したものを活用して，さらに詳しく学びたいときに本格的な専門書を用いるのがいいでしょうね。

廣瀬　解説書を入口にしながら法律の条文を原文で読むことも心がけてほしいですね。やはり法律は条文が基本ですから。『臨床心理学』第15巻第4号では「これだけは知っておきたい司法・矯正領域で働く心理職のスタンダード」という特集が組まれ，「司法領域における心理職の役割と展望」（芦澤政子），「矯正領域に求められる心理職の役割と展望」（川島ゆか）という論文もあり，私も「知っておきたい司法・矯正領域を支える社会の仕組み——法制度・組織体系・機関連携」という論文を寄せていますので，ぜひ参考にしてみてください。また刑事事件に関しては，刑法，刑事訴訟法，少年法が重要で，同じく『臨床心理学』第16巻第3号（特集「臨床的判断力」）に寄稿した「司法と判断——法の下の判断」という論文で詳しく説明しましたので，ぜひご覧いただきたいところです。何が

犯罪に当たるのか，何が少年事件となるのか，どのような事件がどのような手続きで扱われるのか，そしてどのような機関に所属するどのような人たちが関係してくるのか……このような刑事事件における「あらすじ」を知っておいていただきたい。このような理解があってはじめて，心理的な判定や助言もうまくいくのではないでしょうか。

山名　民法には人が生活していくための基本的仕組みが定められています。この基本的仕組みを学ぶことも大事だと思いますが，1,000条くらいある民法をすべて勉強するのは大変でしょう。ですから，まず家族や成年後見などのように心理職が関わることの多い分野について，ポイントを押さえた解説書を読んでイメージをつかんでいくのがよいと思います。

橋本　家庭裁判所調査官時代，個々の事件にあたって目の前の問題について調べていくと，自然と視野が広がって法律・制度の知識も頭に入りやすかった経験があります。入門書や解説書で勉強しながら，同時に目の前の事例に付随した法律・制度の知識を押さえていくことも重要ではないでしょうか。

廣瀬　たしかに双方が重要になってくるでしょうね。橋本先生が知識を身につけていけたのも，解説書や教科書を読み込んで勉強しながら教官の講義を聴いていたからでしょう。相応の基礎があって個別事例について調べているからこそ知識も理解も深まるわけです。

橋本　法律の仕組みをわかっていないままでは理解できない部分が生まれ，場合によっては自分の独自解釈に陥ってしまう……

廣瀬　そうですね。ですから全体像を捉えた最低限の知識を入門書などで学んでおいてほしいところです。

山名　家庭裁判所調査官は「事件に育てられた」とよく言います。これは，事件を担当すると事案の理解が深まり対処方法もわかって勉強になりますし，あらかじめ紙上で学んだことが事件

山名　学

を通じて知識として定着するからでしょう。つまり座学と実学（実践）の両方が大切になるのでしょうね。

## III　法律家と心理職は協働できるか？
　　　　――客観性と主観性

境　一般に，法律家は客観的事実を重視して，心理職は主観的事実に目を向ける傾向があると言われます。両者が協働するにはこのような互いの考え方を知っておく必要があると思いますが，この点についてはいかがでしょうか。

山名　法律家の考え方として挙げられる「法的三段論法」は，①法律を「大前提」とする，②社会に生じた事実を「小前提」とする，③「小前提（事実）」を「大前提（法律）」に当てはめると法律に基づいた「結論」が導かれる，という思考方法です。例を挙げて詳しく説明しましょう。A男とB女という夫婦がいるとします。B女はA男がC女と浮気した（不貞行為）と主張して離婚を求めている。民法770条1項には「配偶者に不貞な行為があったときは離婚できる」と定められていますから，A男に「不貞な行為」が認められれば（小前提），この事実を民法770条（大前提）に当てはめると，B女は離婚をすることができる（結論）。不貞行為

**特 集** 公認心理師のための法律入門——仕事に役立つ法と制度の必携知識

という客観的事実が存在するからこそ離婚請求が認められると法律家は考えるわけです。

一方,「A男がC女とデートしてランチをしたり映画を見たりしていた」という客観的事実だけで,B女はA男が不貞行為に及んだと信じているとしましょう。B女の信じている事実,すなわち主観的事実は,「A男が不貞行為に及んだ」というものです。この場合,法律的にはB女の離婚請求は認められないという結論に至ります。

**廣瀬** 法律家は客観的事実が証拠によって認められるかどうかを重視します。法的解決（公権的な判断）が求められる場合,立証・認定できない事実は前提にできないからです。特に刑事系の事実については厳格な手続・証拠に基づく事実認定が要求されます。

**境** わたしたち心理職はクライエントの主観に依拠する傾向があるのですが,そのことは法律家から見てどのように思われますか。

**廣瀬** まず信頼関係をつくって受容し,クライエントが何を考え求めているのかを正確につかむこと自体は,心理職という専門家の強みだと考えています。ただし問題は,クライエントの要望がそのまま通るとは限らないということです。法的解決の手続きを進める場合には証拠が認定できる客観的事実が必要になりますが,本人の認識と客観的事実が違っていることはいくらでもあります。ですから心理職の方には,本人をよく理解すると同時に,主観的事実が通用しないケースがありうることも理解していただきたいのです。

**山名** 法律に照らし合わせていじめと呼べる状況が客観的に確認され,はじめて損害賠償請求または脅迫罪や暴行罪といった法的効果が発生する……法律家の考える解決とはそういうものです。本人が主観的にいじめを受けたと思っていても,損害賠償請求できない状況は想定しうる。主観的事実と客観的事実は異なることがあるからです。心理職の方々は,いじめられていると

思っている人の話を信用して,悩みを除くためには周囲・環境をどう調整すればよいのかを第一に考えるわけですから,わたしたち法律家の考える結論というのは心理職のそれより狭いのかもしれません。

**廣瀬** 法的効果は最終的に裁判の判決で権力的かつ強制的に執行できるところを目指しています。それは逆に考えると範囲が限定されているわけですから,どうしても結論も狭くなります。ですから裁判で勝訴しても気持ちの問題は片づかないことも多いのですが,この狭間こそ心理職によるケアが必要な場面です。裁判に勝てる見込みがあっても,心が傷つく可能性が高いとわかっていれば,裁判をやめたほうがいいケースもあります。人間的な立ち直りや心理的な満足など別の解決法を探したほうがいいのかもしれない——それを判断できるのは心理職だと私は思います。

**橋本** つまり心理職は,本人と会う目的によって主観的事実と客観的事実を使い分けなくてはならないわけですね。いじめの調査で,加害者が「冗談で殴っただけ」と言ったとします。「冗談」は加害者の主観的事実で,目撃者がいれば「殴ったこと」が客観的事実になる。「冗談で殴った」という主張を切り分けなければ調査報告になりません。そして,ケアをするには主観的事実を重視しなければならないというように,客観的事実と主観的事実のバランスを取りながら面接をする必要があるのでしょう。

**境** 心理職はクライエントの味方という役割を担うことが多いですから,クライエントの権利を守るうえで「法的解決」が有効と考えるか,「心理的解決」が尊重されるべきかという判断が重要ですね。ただ,いじめに関する判断は難しく,文部科学省でもいじめられた側の主観的事実が優先されると規定しています。

**山名** 「不快を感じればセクシュアルハラスメントになる」というように,主観だったものが客観に転化するような仕組みがハラスメントを規

定していて，いじめの定義も発想は同じです。重要なのは主観と客観の違いを理解し，場面によって使い分けることです。

**橋本** ここは心理職の一番弱いところでもあります。「誰の言葉で，何が真実で，どれが客観的事実なのか」がわからない報告書になるのも，ここに原因があると私は見ています。その意味で法律家の書く判決文は，客観的事実を押さえて評価してあり，事実が一目瞭然でわかりやすい。

**山名** 法律家は「右手で2回顔を殴られ，左手でお腹を殴られました。そして『お前はバカだ』と言われました」といった客観的事実を確定したうえで，「よって，これはいじめ・暴行である」と判断していきます。ところが心理職の方は客観的事実を横に置き，「暴言を浴びせられた」「暴行を振るわれた」といった主観的事実のほうに重きを置いて，「よって，いじめを受けた・暴行を受けた」と結論を導くことがあります。これでは裁判における事実認定の資料としては使えないでしょう。

**廣瀬** ですから法律家と心理職の双方に勉強が必要ということでしょうね。法律家も心理職と仕事をするなら，心理職が何を考えてどのように仕事をするのかを理解したうえで，「普段はそうかもしれませんが，今回の問題はAという角度からBという問題点を明らかにしたいから，Cを具体的に説明してほしい」と細部まで指示すれば，うまく対応してもらえるでしょう。互いに勉強しながら歩み寄ってコラボレートしていく最初の段階として，心理職の方にはぜひ法律の基本的な枠組みを学んでほしいですね。

**橋本** 数年前，いじめの民事訴訟で被害者側の付添人になったときのことです。被害者の心理鑑定を担当して，いじめを受けた当時の被害者心理，いじめを受けてPTSDになり数年後も学校に行けなかった心理を法廷で説明したのです。その際，いじめとPTSDの因果関係を裁判官に伝えるのに苦労しました。特に，睡眠時

橋本和明

間は十分に確保されていたという客観的事実に対し，本人が「眠れていない感じがする」と語る主観的事実をどう説明すればよいのか，非常に悩みました。

**廣瀬** 結局，裁判では証拠が求められますからね。本人が事実だと思っていることを語っても，相手は反論してきますから，批判に耐える証拠を揃えなくてはならない。証拠の認定というハードルが発生する裁判という場のことを，心理職もつねに念頭に置く必要があります。

**境** 「本人が語っていること」を中心に心情に流されるところが心理職にはありますが，法律家との共通言語として，「客観的事実」とは何かを理解しておく必要がありますね。

## IV 「高い教養」による「橋渡し」
──領域横断の連携

**境** 公認心理師が支援を行う医療・保健，福祉，教育，産業・組織，司法・矯正という主要5領域は広大で，知っておくべき法制度も膨大な数に上りますから，領域を横断して連携を進めていく場合には，求められる法制度の基礎知識もさらに増えていくという課題もあります。

**橋本** たしかに便宜的に各領域へと分割されてはいますが，たとえばいじめを例に取っても対応

特　集　公認心理師のための法律入門——仕事に役立つ法と制度の必携知識

境　泉洋

は教育領域に留まらない。つまり，いじめ加害者が非行に走れば少年法が関係して司法の問題になり，場合によっては福祉や医療にも関わるというように，ひとつの事例は領域を越える可能性があるわけですよね。

**廣瀬**　それぞれの職域で実務者が一生懸命に仕事をしても連絡調整がうまくいかないとよく言われますよね。子どもの非行の問題を考えても，生育環境の問題（福祉），病気にかかること（医療），学校でうまくいかないこと（教育）など，複数の領域にまたがった問題を抱える子どもがほとんどでしょう。イギリスではこのような場合にチームで取り組む制度が用意されていて，各地区から専門家メンバーを派遣して常設チームを組んでいきます。日本では個々の事案単位で連携が進められ，そのなかで心理職は個々に領域を横断しながらクライエントに関わっているわけですよね。このような動きを踏まえると，心理職には「橋渡し役」として活躍することが今後期待されていくのではないでしょうか。

**山名**　同感です。たとえば企業でメンタルヘルス不調者が出たとします。その後，医療へと橋渡しをしてふたたび企業に戻るときに，途中で福祉も関わってくると考えれば，心理職が中心になることで援助領域は連環していく。ですから

ひとつの領域に固執せず，広い分野に広がりつつ専門性を発揮する心理職の特性を，これからは存分に発揮していただきたいと思います。

**廣瀬**　そうなると必然的に，各領域にどのような法制度があるのか，そしてそれらをどのようにつなげばよいのかを把握していなければならないですね。

**山名**　ええ，心理学分野のことだけを知っていても「橋渡し役」はできませんからね。

**橋本**　つまり，法律や社会保障制度の知識を身につけた心理職が求められているということになるでしょうか。村瀬嘉代子先生のお言葉を借りるなら，「高い教養」を備えた心理職と呼ぶべきでしょうか。

**山名**　とても良い表現ですね。

**廣瀬**　たとえば発達障害者に関わった心理職の方が，本人の周囲の人たちに「この方にはAという課題があるから，Bということに気をつけてあげてほしい」と一言伝えるだけでも，ずいぶん違うわけです。素人目にはわからないことでも，専門家からの確かな情報があれば周囲の対応も変わってきます。

**橋本**　社会福祉の専門職は制度をよく理解したうえで動いていますから，心理職もこれに倣って，制度の理解を前提に，「クライエントの気持ちをしっかり捉えながら動いていく」ことが求められているということですね。

**廣瀬**　心理学の専門性を兼ね備えたソーシャルワーカーのようなイメージですね。

**境**　「高い教養」を備えた「橋渡し役」という言葉とともに，公認心理師の目指すべき姿，連携において期待されている役割が，ここまでの議論から鮮明になってきたように思います。

## Ⅴ　潜在的ニーズを掘り起こす
### ——少年事件・刑事事件と民間機関

**境**　社会復帰促進センターや民間刑務所など，今後も官民協働の取り組みは進んでいくと思われます。たとえば少年事件・刑事事件でも，公的

機関だけではなく民間機関の関与は進んでいくのでしょうか。

**廣瀬** 少年事件・刑事事件においても民間機関の活用は必要になっていくと思われますが，まずその必要性・有用性の認識が法律家に共有されることが重要でしょう。少年事件・刑事事件における犯罪被害者の相談・支援では，捜査や公判への付添いや法律相談における同席など一部がすでに認められているように，心理職の活用の拡大は可能であり望ましいところです。他方，加害者（非行少年・被疑者・被告人），特に加害者家族など関係者への心理的サポートの必要性は少なくないのですが，制度化して予算を獲得するには，犯罪者の社会復帰や再犯防止に有効かつ必要であるという理解が必須になります。欧米諸国では今や常識となっている刑務所や少年院などの施設内処遇の財政的な限界についての認識が深まれば，保護観察や仮釈放など社会内処遇の充実・強化が求められ，必然的にボランティア組織を含む民間機関の役割が求められる可能性もあるでしょう。

**橋本** 最近，少年院を出所した当事者がNPOを立ち上げて更生活動に従事したり，民間機関の心理職が認知行動療法や加害者ケアに当たるといった活動が活発です。ですが，さまざまな団体が乱立することで支援の質が担保されなくなるといった別の問題も生まれますから，それを防止するためには活動のエビデンスを実証・公表することが大切になってくると思います。

**廣瀬** 欧米諸国では釈放後のケアへの関心が高まっていて，それは裏を返せば，刑務所を運営するための莫大な予算が捻出できなくなってきたということでもあります。この財政問題を打開するために，アメリカなどでは「小さな政府（small government）」というアイデアが提唱されています。いくら費用をかけても再犯率が下がらなければ国民にとっても国家にとっても大きな損失です。だからこそ犯罪者が社会復帰できるような福祉的・精神的ケアが再犯率の低下

につながるシステムを実装しなくてはならないのです。日本も実情は同様で，刑務所に一人収容するのに年間数百万の経費を要していて，生活保護より高額だと言われています。さらに出所者の再犯によって被害者が出たら，さらに負債は増大する。ところが犯罪者が立ち直って生活できるようになれば，もちろん納税もするわけで，社会におけるプラスの効果が大きくなります。このような構造をアピールできれば，ケア専門職の費用が増額されたとしても，費用総額は結果的にはるかに安いと主張できるでしょう。

**境** 少し別の角度からここまでの議論への補足質問をさせていただきます。法制度にはいわゆる「グレーゾーン」があるとされます。たとえば，ひきこもりの問題では，本人が支援を拒否することが多く，医療や福祉の制度適用が難しいです。そこで困った家族が相談窓口に訪れるのですが，家族は精神疾患ではないため，やはり医療や福祉の制度活用は難しい。このような問題への対策として，生活困窮に陥る以前に救済する制度として制定されたのが生活困窮者自立支援法です。このように心理職は，法制度の「グレーゾーン」にいるクライエントや家族を支援することも稀ではないのですが，効率よく法制度を活用するためにどのような工夫をすればいいのでしょうか。

**廣瀬** 新たな法制度ができるたび，必然的にその適用枠から外れた領域が生じるもので，それは俗に「グレーゾーン」とも呼ばれます。たとえば「虞犯事件」ないし「児童虐待」のいずれに当たるとも認定できないけれど，それでも何らかの保護・支援を必要とする児童などがこれに当たります。このような「グレーゾーン」に対しては，児童相談所の指導を基本として，心理職によるケアも期待されるでしょう。同様に，いじめに当たると明確には認定されないものの心理的ケアが必要な児童生徒への対応もそうでしょうね。もっとも，このような「グレーゾーン」

における専門職の活動を制度化するには，時にはボランティアもいとわず実績を積み上げていくことも必要でしょう。

山名　悩みを抱えたときに心理職に相談をすれば良くなるとわかっていても，心理職サイドの体制整備不足や相談窓口のPR不足などでニーズのある人たちに届かないとすれば，やはり援助を求める人にアクセスしてもらえる方法を考えなくてはなりません。たとえば思春期に特有の悩みを抱える子，親子関係がうまくいっていない子たちは，ちょっと心理職に相談することで解決の糸口が見つかるかもしれない。でも実際に「カウンセラーに相談しよう」という行動に至る子は少ない。だからこそ潜在的なニーズをどう汲み上げていくかが重要になってくる。待っているだけでは人は来ませんからね。

橋本　つまり，ずっと相談室にいて来る人を待つだけではなく，スクールカウンセラーは学校内で周囲に声をかけたり，カウンセリング場面とは違うけれども子どもたちの話に耳を傾けたりして，土壌を肥やしていかないといけないということですね。

廣瀬　かつては弁護士も事務所で待っていれば成り立つ職業でした。しかし今は弁護士の人数が増えたこともあって，アウトリーチ活動をして需要を掘り起こす弁護士も少なくないのです。たとえば先の東日本大震災時に被災地で法律相談の無償出張所を設置した直後は，ほとんど相談に来ませんでした。そこで出張所の職員たちが宣伝を兼ねたお茶会を開催して，雑談をしながらニーズを掘り起こした結果，相談数は大きく増えていった。これは分野こそ違えど目的と手段は共通する好事例ではないでしょうか。

## VI　役割を拡張する
### ——家事事件・民事事件と心理職

境　現在運用が推進されている面会交流制度など，家事事件や民事事件における心理職の活用の可能性がある分野としては，具体的にどのようなものが考えられるでしょうか。

山名　たとえば離婚を巡って夫婦の意見が衝突しているケースを考えてみましょう。A子は「暴力を振るうB男とは夫婦としてやっていけない」と考え離婚を望み，一方のB男は「自分は暴力を振るっていないので離婚する理由などない」と主張している。やがてA女は家庭裁判所に家事調停を申し立てる。家事事件手続法で定められた家事調停では，調停委員が当事者から話を聞きながら調停案を考えます。このケースでは，A子が自分の考えや暴力の事実を調停委員に説明できるか，B男の主張に反論できるか，また調停案に応じるか否かを正しく判断できるか，といったことが問題になります。もし暴力を振るうB男を恐れたA子が心理的に混乱して調停の場で適切に対応できない場合，現在は家庭裁判所調査官が調査や調停に立ち会って対応していますが，今後は裁判所外の心理専門職がA子をサポートする可能性もあるでしょう。

橋本　面会交流や親権争いを担当する家庭裁判所調査官は，裁判所において「中立の立場」で動かざるをえないという制約があります。ただ実際には，親権が争われている渦中の子どものケア，面会交流中の子どものサポートなど，裁判所外にいる心理職だからこそ貢献できる領域でもあるかもしれません。

山名　中立に徹さざるをえない家庭裁判所調査官

とは別に，当事者目線で当事者を援助する専門職がこれからは必要になってくるでしょう。そのためには，利用者である国民の理解が深まることも大切です。

**橋本** おっしゃる通りですね。これに関連した質問ですが，裁判所外で個人を支援する心理職と裁判で中立に徹する調査官のバランス関係を，わたしたち心理職はどのように見ていけばいいでしょうか。

**山名** 両者は同じ心理職でも「当事者の味方」と「中立の立場」と立場がまったく異なりますから，見方や考え方も当然違ってきます。これは当事者の弁護についた弁護士と裁判官との関係に似た構図でもありますね。

**廣瀬** たとえば知的財産権など特許関係の訴訟を扱うときは，弁護士以外にも知的財産の専門家である弁理士が原告と被告の双方に付いて手続きを行います。そう考えると，心理職がそれぞれの立場に付いて心理的側面をサポートすることはまったく不思議ではないでしょう。

**山名** 裁判所には知的財産権や特許を専門とする調査官がおり，専門的視点から中立に裁判内容を見て，「争われている事案が本当に特許になりうるのか」について裁判官に意見を伝えます。そして当事者側には弁理士という専門家が付く。「当事者」と「中立」という立場の異なる心理職が関与する形も，これに似た関係になるわけですね。

**橋本** その構造は望ましいものと考えていいのでしょうか。

**山名** もちろんです。立場の異なる専門家が付くことで議論が深まり，必然的に良い判断にもつながりますから。ちなみに知的財産権についてはすでに制度が確立・運用されていることを考えると，公認心理師はこのような制度の実現を目指していくことも必要でしょう。

## VII ケアとエビデンス
### ——民事訴訟の被害者支援

**境** いじめやパワハラなど民事訴訟における原告（被害者）の心のケアについては，私自身，その重要性を感じています。実際，訴訟を提起することへの躊躇，訴訟を進めていくストレス，証言することへの抵抗もあり，やむにやまれず泣き寝入りするケースも少なくない。このような原告（被害者）への心理的ケアにおいて心理職の果たせる役割は大きいと思うのですが，現実的にどのような制度活用や支援が望ましいのでしょうか。

**山名** 訴訟にかかわることは，訴訟を起こした原告であれ訴訟を起こされた被告であれ大変なストレスです。心理的要因から訴訟提起を断念する人も，心理的要因から適切に訴訟に対応できなくなる被告もいるでしょう。もちろん法律のことは専門家の弁護士に依頼しますが，心理職がかかわることで権利行使を躊躇せずにすむケースは十分に想定できます。心理職の訴訟への関与は，裁判所外における関与（訴訟提起前の検討や訴訟が始まってからの訴訟準備作業への関与）と，訴訟（裁判）当日の裁判所の法廷等における関与，大きく分けるとこの2つが考えられます。前者は現在でも依頼さえあれば心理職が実施できますが，残念ながら後者は制度が整っていません。もし制度が整備されれば，

心理職の方が法廷に立ち会い，その場で本人に直接助言したり裁判所や相手方に直接発言したりすることが想定されますが，このような仕組みは妥当か，そしてどこまでの関与を認めるべきかなど，検討するべきことがあります。さらに，このような制度の実現には，公認心理師制度への理解と支持が広がり，国民の権利行使にとって必要な枠組みと認識されることが前提になります。このような認識が浸透した後に，費用を自己負担とするのか公的制度を設けるのかといった議論が進んでいくでしょう。言い換えれば，法テラスや弁護士会の法律扶助制度，刑事事件における国選弁護人制度など，弁護士費用を援助する現行制度がありますが，これに類する制度として考えられるか否かという議論になるわけです。

　現状では，何らかの損害を受けて裁判を起こしたいと考えたら弁護士に相談するのが一般的で，心理職に相談するというケースはなかなか想定しがたい。しかし一方で，裁判に際して心理的に混乱したときは心理職に相談するというルートがあってもいいですよね。具体的には，弁護士会や法テラスを通じて弁護士と提携するのも一案かもしれません。弁護士が法律相談を受けて「この依頼人はメンタルに不安を抱えているから心理的サポートがあったほうがいいかな」と考えたとき，弁護士から心理職を紹介するという方式です。業界を越えたタイアップとでも言いましょうか。実現すれば当事者にとってもより手厚い体制になるでしょうね。

**廣瀬**　犯罪被害者へのメンタルケアの必要性はかなり認識されていて，ハラスメントやいじめなど犯罪一歩手前の事案であっても当人は深刻な被害を受けているわけですから，本来はサポートするシステムがあって然るべきです。またセカンドレイプやサードレイプというように，検察，警察，弁護士の言葉で当事者が傷つくこともありうる。そのときに心理職によるサポートがあれば，被害者本人はもちろん，法律の専門

職も助かるのではないでしょうか。

**橋本**　「法廷に立つ」ということはきわめて高いハードルですから，それを少しでも低くするために，総体的に心理職のサポートも活用しながら訴訟を乗り越えていくシステムがあることが望ましいですね。

**廣瀬**　被害者支援活動では一部心理職の介入が認められてきているところですから，今後その成果が認められれば，被害者家族のケアなども含めて活躍の場は広がっていくでしょう。ただ，ここでもやはり問題になるのは費用負担のことですから，予算を取得できるよう支援効果のエビデンスを積み上げる必要があります。

**橋本**　仮に勝訴した後でも当事者の症状が悪化することはありますから，訴訟の最中だけでなく，訴訟の前後をつなぐ継続的サポートが必要ではないでしょうか。

**山名**　たしかにそうですね。裁判所では裁判前後への介入が認められないことを考えると，このようなケアは民間で推進するのが現実的でしょう。

**廣瀬**　近年，国選弁護人の範囲が拡大された背景として，多くの弁護士が手弁当で活動して実績を積んでいったという経緯があります。先ほども触れましたが，たとえば法テラスでは東日本大震災時，被災地に臨時出張所を設けて弁護士を派遣しました。弁護士は心の専門家ではありませんが，被災者の方に各種制度の話をして震災による経済的負担を軽くできると伝えることで，自殺予防に少なからず効果がありました。難しくはありますが，そのような活動も検討してみてはいかがでしょう。

※

**境**　ここまでいくつもの重要な論点について議論を進めてまいりました。心理職の仕事への理解・認識を促進して世論を動かすためにはエビデンスが必要であるということ，そのためには地道な活動から始める必要もあるということ

は，大変勉強になりました。心理職には事例の主観に集中して支援活動を進めようとする傾向がありますが，法律家をはじめとする他職種との連携において客観的事実と主観的事実の違いを踏まえる必要性も痛感しています。この点については今後，専門研修を進めていく必要もあるでしょう。今回の議論を進めながら，国家資格となった心理職にとって，今がまさに既存の制度内で活動を進めるチャンスであり，さらには新たな制度設計に関与していく契機でもあると感じています。そして業界全体で取り組んでいくことで，かつては想定しなかった領域で活躍できる可能性が広がるという期待も抱いています。そして今回のような座談会を通じて，法律家の皆様から協働するパートナーに価すると思っていただけるよう研鑽に努めていきたいと考えています。

橋本 「法律を学ぶ」ということは，条文の学習はもちろん，ある意味では「社会を学ぶ」「高い教養を身につける」ということにも通じると考えています。本を読むだけではなく広く社会を見ていくこと，そして組織感覚を養うこと，このような点も重要になってくると痛感しています。そして心理職が社会に定着していくため

にはエビデンスが求められるということも，改めて認識しているところです。サポートの効果をエビデンスとして示すのは簡単ではありませんが，だからこそ追究する意義があり，その責務を自らに科していく必要があると考えています。

廣瀬 法律家と心理職は今後，相互に理解を深める必要が間違いなくあります。心理職が国家資格になったのは良いきっかけですから，互いに努力しながら専門職として活躍していけることが望ましいでしょう。そして重要な課題に対しては個人レベルではなく組織全体で取り組んでいくことも，今後は重要になってくるでしょうね。

山名 この座談会のように，心理職の方が自分の分野だけに閉じこもらず，外の世界を知っていこうとする動きがあるのは大変よいことです。外の意見を聞いて自分の立ち位置を考え，どうすれば社会に受け入れられていくのかを考えていけば，組織全体にとって必ず益をもたらすはずです。今後の活動がどのように結実していくのかは皆様次第，大いに期待しています。

2019 年 3 月 19 日｜東京国際フォーラム

**特集** 公認心理師のための法律入門——仕事に役立つ法と制度の必携知識

[特集] 公認心理師のための法律入門——仕事に役立つ法と制度の必携知識

# 行政関連
精神保健福祉センター

## 邑口紀子 Noriko Muraguchi
東京都立精神保健福祉センター

精神保健福祉センター（以下，センター）は，精神保健福祉に関する技術的中核機関として，地域住民の精神的健康の保持増進，精神障害の予防，適切な精神医療の推進から，社会復帰の促進，自立と社会経済活動への参加の促進のための援助など，幅広い役割を担っている。また，保健所および市町村が行う精神保健福祉業務が効果的に展開されるよう，積極的に技術指導および技術援助を行うほか，精神保健福祉関係諸機関と緊密に連携を図ることが求められている。本稿では，センターと関連の深い法制度について記載する。

## I 精神保健福祉法

精神保健及び精神障害者福祉に関する法律（以下，精神保健福祉法）は，精神障害者の医療および保護を行うこと，精神障害者の社会復帰の促進およびその自立と社会経済活動への参加の促進に必要な援助を行うこと，そして精神障害の発生の予防，その他国民の精神的健康の保持および増進に努めることを定めた法律であり，「精神障害者の福祉の増進」と「国民の精神保健の向上」を実現していくことが目的とされている。精神保健福祉法は，いわば社会防衛と患者の人権擁護の綱引きのなかで改正が行われてきた歴史をもつ。精神障害者の人権に配慮し，その人が望む地域生活が営めるよう支援するセンターの業務のなかでは，精神保健福祉法は熟知していなければならない最も重要な法律である。

### 1 センターの業務

センターは，精神保健福祉法の第6条において，精神保健の向上と精神障害者の福祉の増進を図るための機関として，都道府県と政令指定都市に設置されることが規定されている。そのためさまざまなセンター業務が精神保健福祉法に関連しており，具体的には下記のものが挙げられる——①精神保健福祉に関する知識の普及，②精神保健福祉に関する調査研究，③精神保健福祉に関する複雑困難な相談指導，④精神医療審査会の事務局の役割，⑤精神障害者保健福祉手帳の交付の際の判定，⑥通院医療費の公費負担の判定，⑦障害者総合支援法に基づき市町村に意見を述べることや必要な援助を行うこと。

### 2 精神科医療における入院形態と人権に配慮した仕組み

精神科では，医療および保護のため入院が必要な状態でも，本人の病識が欠如し入院の同意が得

られない場合に，非自発的入院が認められている。幻聴や妄想などの精神症状の悪化により，自他の生活の安全が保てなくなった状況では入院による治療が検討され，本人が入院に同意すれば「任意入院」となる（第20条）。しかし，本人の同意が得られない場合，精神保健指定医（以下，指定医）（第18条）による診察と家族等の同意に基づいて精神科病院に入院させることができる。このような入院形態を「医療保護入院」といい，第33条に定められている。医療保護入院は本人の同意を得ることなく入院させる制度であり，その運用には格別の慎重さが求められるものであるため，第20条には，可能な限り本人に入院の必要性について十分な説明を行い，任意入院になるように努めなければならないと規定されている。なお，2013（平成25）年の改正にて，医療保護入院では，退院後の地域移行の促進を担う「退院後生活環境相談員」が選任され（第33条の4），本人が望む退院後の日常生活についてケースワークを行うことが盛り込まれた。

また医療および保護のために入院させなければ自傷他害のおそれがあると認められた精神障害者を，都道府県知事（指定都市の市長）の権限により強制的に入院させるものが「措置入院」であり，これは第29条に定められている。措置入院においては，2名以上の指定医が診察し，入院が必要という判断が一致した場合でないと入院させることはできない。患者の人権擁護などの観点から，措置入院および医療保護入院では，入院の妥当性ならびに定期病状報告による入院継続の妥当性について，精神医療審査会（第12条）において審査を行う。この精神医療審査会の審査に関する事務はセンターの業務に位置付けられており，退院請求，処遇改善請求の受付も行っている。

## 3 地域生活を支える仕組み

### 1．精神障害者保健福祉手帳

精神障害者の自立と社会参加の促進を図ることを目的として，1995（平成7）年の法改正により創設されたものである。手帳の交付により，精神保健福祉施策のサービスを受けるにあたっての参考資料になることや，所得税や住民税などの控除，公共施設の入場料や公共交通機関の運賃の割引などを受けることができる。

### 2．自立支援医療（精神通院医療）

精神保健福祉法第5条の規定する統合失調症などの精神疾患を有する者で，通院による精神医療を継続的に要する者を対象に，精神障害者の福祉の増進と適正な医療の普及を図ることを目的として，医療費の負担額を軽減する公費負担制度である。

地域生活のなかで経済的な不安を抱えているケースも少なくない。相談業務のなかで，上記の制度のほか，障害年金の申請などの情報提供を行うことも多い。なお，2009（平成21）年に障害者自立支援法の制定により，福祉制度の多くが移行された。現在では，2013（平成25）年4月から「障害者自立支援法」が「障害者の日常生活及び社会生活を総合的に支援するための法律（障害者総合支援法）」とされ，障害支援区分の認定により，介護給付，訓練等給付，地域相談支援給付，地域生活支援事業などの障害福祉サービスを受けることができる。

## Ⅱ　医療観察法

センターでは，心神喪失等の状態で重大な他害行為を行った者の医療及び観察等に関する法律（以下，医療観察法）による入院および地域処遇において，保護観察所の社会復帰調整官をはじめ，地域の支援者と連携体制を組みながら支援を行っている。医療観察法とは，心神喪失などの状態で重大な他害行為（殺人，放火，強盗，強制性交等，強制わいせつ，傷害）を行った者に対し，病状の改善と同様の行為の再発防止を図り，社会復帰を促進することを目的とした法律である。「地域社会における処遇のガイドライン」には各機関の基本的な役割が示されており，センターは，本制度

において行われる地域精神保健福祉活動に関する技術援助，教育研修などを行うことや，精神保健福祉相談，リハビリテーション機能を生かして本人や家族の支援を行うこと，処遇終了後の一般の精神医療や福祉サービスの継続への円滑な橋渡しを行うこととされている。実際には，定期的に開かれるケア会議に出席し，本人や支援者と病状の変化や生活上の困りごとなどについて話し合い，通院を継続しながら，はりあいをもって地域生活が営めるようにサポートするチームの一員として関わっている。

### III　その他業務に関わる法律

2013（平成25）年に改正された精神保健福祉法において，厚生労働大臣が精神障害者の医療提供を確保するための指針を策定することが定められた。その指針において，センターには，自殺対策，災害時のこころのケア活動などメンタルヘルスの課題に対する取り組みの地域における推進役となることが求められ，多様化した精神疾患への対応として，依存症や発達障害などに関する専門的な相談支援などのための体制整備が求められている。依存症に関する相談事業のなかでは，「覚せい剤取締法」「麻薬及び向精神薬取締法」「大麻取締法」「アルコール健康障害対策基本法」「IR推進法（ギャンブル依存対策）」などの知識も必要である。また，「自殺対策基本法」「自殺総合対策大綱及び都道府県自殺対策計画」「労働安全衛生法」「労働者の心の健康の保持増進のための指針」などをふまえて，メンタルヘルスに関する相談や普及啓発を行っている。個別ケース支援のなかで，「障害者虐待防止法」や「高齢者虐待防止法」の観点から自治体の担当部署と連絡を取り合い，家族の問題に介入することもある。

このように，幅広い領域にわたって関係機関との連携を図ることが求められるセンターにおいては，関連する法律も多岐にわたる。これらの最新の動向を常におさえつつ，業務にあたらなくてはならない。

### IV　これからの地域支援に関わる制度

措置入院者の退院後支援については，厚生労働省より「地方公共団体による精神障害者の退院後支援に関するガイドライン」（2018（平成30）年3月27日）が通知されており，自治体が取り組むべき支援の内容として，退院後支援に関する計画の作成，計画作成のための会議の開催，本人・家族・支援者へ支援の実施などが示されている。センターは保健所や市町村への技術援助機関という立場から，要請に応じて個々のケース支援に直接的，間接的に携わり，多機関連携・多職種チームで行う地域生活支援のなかで，ケースワークの全体を俯瞰する視点を持ちつつ，チームの一員としての機能を果たせるよう努めている。

[特集] 公認心理師のための法律入門──仕事に役立つ法と制度の必携知識

# 一般医療（1）
母子医療

## 出﨑 躍 Yaku Desaki
淀川キリスト教病院

## I 周産期医療の場で出会う支援課題

　リスクの高い妊産婦および胎児・新生児に対応する周産期医療は長足の進歩を遂げ，かつては救えなかった多くの疾患を克服できるようになった。そして近年では，医療計画などの改定により，災害事業との連携強化や，妊産婦の重篤な身体合併症に対する救急体制の整備が進みつつある。しかしながら，精神疾患合併妊娠の管理や緊急入院に対応できない医療機関は依然多く（松本,2017），精神科リエゾンサービスやメンタルヘルス専門家の確保状況が周産期医療供給の律速因子となっている。

　だが，そもそも周産期という時期は，女性のライフサイクルのなかでも特にメンタルヘルス不調をきたすリスクを孕んでいる。妊産婦は胎盤の形成・排出，ホルモン動態など母体機能の激変を経験し，母親になったことによるライフスタイルの変化にも適応を迫られる状況となる。産後うつ病の頻度は10％前後と見積もられており，Cooper & Murray（1995）の報告によれば，産後3カ月以内の期間に限定すると，うつ病の罹患率は非産褥期女性と比べて有意に高いとされている。また，望まない妊娠や経済的困窮など母親（家庭環境）

側のリスク因子，あるいは，早産・低体重出生や慢性疾患など子ども側のリスク因子が重なれば，ボンディングに阻害的な影響が及ぶことにもなりかねない。養育上の障害となる複合的な問題を抱えるとき，しばしば母親は外部との連絡や外出さえ困難になり，他の家族がそれに無理解であれば母児は完全に孤立することになる。これは，ネグレクトを含む虐待や無理心中につながる事態であり，子どもの情緒や認知発達にも重大な打撃を与えることは明白である。

　これらの課題を踏まえると，周産期における心理臨床実践は，精神疾患としての「疾病性」と，背後にある心理社会的問題という「事例性」の双方を把握した上で，包括的な支援を計画する必要がある（渡邉,2018）。そして心理職には，医療スタッフとの職種間連携に加え，地域行政機関とも能動的に連絡・協議を図りながら，妊娠期以降の育児過程を切れ目なく支えるためのチームワークに資する働きが望まれる。連携の一翼を担うメンバーとして母児のニーズや緊急度に即した支援を行うためには，実務に係る医療分野は当然ながら，保健・福祉の関連法制についても理解を深めておくことが重要な臨床姿勢であると考える。本稿では筆者の経験に基づき，主に周産期母子医療

特　集　公認心理師のための法律入門——仕事に役立つ法と制度の必携知識

センターで活動する心理職が，最低限の装備とし
て知っておきたい法律・指針・医療制度について
概説する。

## II　周産期母子医療センターについて

　周産期母子医療センターとは，産科・小児科の
連携を基軸とした総合的な診療体制をもつ医療機
関である。わが国では，厚生労働省の定める「周
産期医療体制整備指針」に基づき，その施設機
能や搬送体制などの整備が規定されている。周産
期母子医療センターには，母体・胎児集中治療室
（MFICU）を含む産科病棟ならびに新生児集中治
療室（NICU）を備え，リスクの高い症例に対応
できる「総合周産期母子医療センター」と，それ
に準ずる比較的高度な医療を担う「地域周産期母
子医療センター」の2種類があり，いずれも都道
府県が指定している。

## III　妊娠期以降のメンタルヘルス実践

### 1　産科医療における精神疾患合併妊娠への対策

　わが国の周産期メンタルヘルス関連システムの
現状としては，1つの施設内に産科と精神科を有
する医療機関が少なく，地域の精神科との連携さ
えも苦慮しがちである。そのため，2018年度に
策定された第7次医療計画では，総合周産期母子
医療センターにおいて，精神疾患を合併した妊婦
に対応できる受入体制の整備を進めることが明記
された。

　2016年度の診療報酬改定では，医学的リスク
の高い妊産婦の入院管理料を指す「ハイリスク妊
娠管理加算」「ハイリスク分娩管理加算」，ならび
に「ハイリスク妊産婦共同管理料」の対象に精神
疾患の患者が追加された。加えて，2018年度改
定にて「ハイリスク妊産婦連携指導料」が算定可
能となり，従来課題となっていた産科，精神科お
よび自治体の多職種による活発な情報提供，協議
などを後押しする効果が期待されている。なお，
同指導料のなかの合同カンファレンス実施に係る
要件として，参加職種のなかに公認心理師も含ま

れており，公認心理師資格とリンクした診療報酬
項目の先駆けとなっている。

### 2　周産期メンタルヘルスケアの指針

　近年産科領域では，周産期医療に携わるすべて
の職種のメンタルヘルスへの参画を促す仕組みづ
くりが進められている。2017年には，日本周産
期メンタルヘルス学会による「コンセンサスガイ
ド2017」が作成され，症状スクリーニングや自
治体との連携の仕方，向精神薬の使用法など20
の臨床疑問に対する手立てを紹介している。さら
に同年，プライマリケアの手引きとして，日本産
婦人科医会による「妊産婦メンタルヘルスケアマ
ニュアル」が公開され，内容習熟のための実務者
研修も相次いで開催されている。

### 3　健やか親子21

　「健やか親子21」とは，2001年より開始された
母子の健康水準向上のための国民運動計画であ
る。2015年度には「健やか親子21（第2次）」が
新たに掲げられ，"切れ目のない妊産婦・乳幼児
への保健対策"などを基盤課題として，①育てに
くさを感じる親に寄り添う支援，②妊娠期からの
児童虐待防止対策に重点を置いている。

　主要な取り組みとしては，まず産婦健康診査
（母子保健法第13条）におけるエジンバラ産後
うつ病質問票（Edinburgh Postnatal Depression
Scale：EPDS）の実施が挙げられる。EPDSが地
域母子保健に広く浸透してきたことにより，産褥
婦が抱える精神科的リスクと養育支援の必要性が
早期に検出できるようになった。なおEPDSは，
市町村が実施する「乳児家庭全戸訪問事業（こん
にちは赤ちゃん事業）」（児童福祉法第6条の3第
4項）のなかでも，要支援家庭を抽出する客観的
な判断指標として積極活用されており，虐待予防
におけるポピュレーションアプローチの効果を発
揮している。

　そして，2017年に法定化された「子育て世代
包括支援センター」（母子保健法第22条では「母

子健康包括支援センター」の名称）は，妊娠期から育児期にわたり継続的に支援するワンストップ拠点として，市町村ごとに設置が進められている。政府は 2020 年度までに全国展開することを目指しており，将来的には本センターが，メンタルヘルスケアや養育にまつわる支援を要する家族の相談・連携窓口として一元的に機能していくことが予想される。

## IV 親になること，親子がつながり合うことをいかに支援するか

### 1 「特定妊婦」という視点

すべての妊婦が安全に出産できるための支援サービスとして，医療機関が行う妊婦健康診査（健診），母親学級，ならびに市町村の保健師や助産師による妊婦訪問がある。そのなかで，妊娠段階からすでに養育上のリスクが予測される妊婦を把握することがあり，こうした「出産後の養育について出産前において支援を行うことが特に必要と認められる妊婦」を，児童福祉法では「特定妊婦」と定義している（同法第 6 条の 3 第 5 項）。特定妊婦は養育支援訪問事業や要保護児童対策協議会の対象として位置づけられており，母子保健のみならず虐待予防の観点からも重要な意味をもつ公的支援のための概念である。

特定妊婦の判断基準は均一化されていないのが実情だが，そのリスク因子として，若年や妊娠葛藤，複雑な家庭内事情などが考慮されている。2016 年の児童福祉法改正以降は，特定妊婦が当該医療機関や医療スタッフにおいて把握された場合，市町村の母子保健担当部署に情報提供することが努力義務として定められている（同法第 21 条の 10 の 5 第 1 項）。そして同法同条第 2 項では，「刑法の秘密漏示罪の規定その他の守秘義務に関する法律の規定は，こうした情報提供を妨げるものと解釈してはならない」と付記している。つまり，情報提供の際は，可能な限り公的支援の有用性を説明し，当該対象者の同意を得ることが基本となるが，同意を得られない場合でも，児童虐待の発生予防，早期介入などのために必要かつ相当な範囲で行うことは法令に違反しないものと理解される。

妊婦健診などの際に直接関与する医療スタッフは，妊婦にとって最初に出会う支援者となる場合が多いため，信頼関係の構築や話しやすい環境を整えることが第一義的な務めとなる。産前からチーム医療に参与する心理職においてもその自覚が不可欠であり，定期的な受診のある医療機関は，産後の支援を見据えて関係機関への筋道をつける重要な役割を果たすと考えられる（川口・松田，2017）。

### 2 NICU への入院が必要な場合

新生児が何らかの身体医学的リスクを伴って NICU に入院となることは，元気なわが子の出生を願ってきた母親にとって期待を覆される思いがけない事態であり，その苦衷は想像に難くないだろう。NICU 入院児は出生直後から高度な医療的管理が必要となるため，母親との分離を余儀なくされる。親子の分離体験は愛着形成に少なからず不利な影響を及ぼす要因であり，さらに超早産児や神経学的異常を認めた児であれば，特有の育てにくさから親子の関係性の発達が危ぶまれる状況になる。そのため NICU の現場では，退院後の虐待的養育に陥るリスクも念頭に置きながら，出生早期より親子の心のケアを行うとともに，両者の相互的・互恵的な関係性が築かれていく過程を支援する試みがなされている。

養育医療対象児（出生時体重が 2,000g 以下，または身体の発育が未熟なまま出生し，専門医療機関での入院養育が必要であると医師から認められた児），慢性疾患など養育に負担のかかる児については，当該医療機関が親の同意を得た上で，NICU 退院後も継続的な養育支援が必要であるとの情報提供を保健センターに対して行っている。こうした保健医療の連携体制に基づく情報提供が起点となり，「養育支援訪問事業」（児童福祉法第 6 条の 3 第 5 項）が有機的に実施されることにつ

**特　集**　公認心理師のための法律入門——仕事に役立つ法と制度の必携知識

ながる。本事業は，保健師や保育士などが行う，育児不安・負担感の解消，養育技術の提供などを目的としたアウトリーチ型支援であり，児童虐待のリスクを早期から逓減するためのアプローチとして重要な役割を果たしている。

　なお，親の同意がなくとも NICU 退院後に虐待のおそれがある場合は，特定妊婦への対応同様に，保健センターや児童相談所に通告することが可能である。

## Ⅴ　おわりに

　周産期のチーム医療に携わる心理職には，現場のニーズの多様性と変容に合わせた柔軟な役割の展開が望まれる。個人の内面に焦点を当てた個室型面接ばかりでなく，例えば退院支援の一環として，育児を行う生活環境そのものや社会資源に働きかけるソーシャルワーク活動に他職種と関与することも重要性が増している。こうしたチームワーク，ひいてはネットワークによる協働的な支援計画を進めるために，その明確な指針となるのが関連法制であり，心理職においても最新の状況に関心を持ち続ける必要があるだろう。

▶ **文献**

Cooper PJ & Murray L (1995) Course and recurrence of postnatal depression : Evidence for the specificity of the diagnostic concept. British Journal of Psychiatry 166-2 ; 191-195.

川口晴菜，松田義雄（2017）要支援妊婦に対する妊娠初期からの対応．周産期医学 47-5 ; 619-622.

厚生労働省（2017）第 7 次医療計画について（https://www.mhlw.go.jp/file/05-Shingikai-12601000-Seisaku toukatsukan-Sanjikanshitsu_Shakaihoshou tantou/0000162891.pdf［2019 年 3 月 30 日閲覧］）

厚生労働省（2017）児童福祉法等の一部を改正する法律の施行について（https://www.mhlw.go.jp/file/06-Seisakujouhou-11900000-Koyoukintoujidoukateikyoku/1_6.pdf［2019 年 3 月 30 日閲覧］）

厚生労働省（2017）養育支援訪問事業の実施について（https://www8.cao.go.jp/shoushi/shinseido/law/kodomo3houan/pdf/h290411/youiku_jigyo.pdf［2019 年 3 月 30 日閲覧］）

厚生労働省医政局地域医療計画課（2017）合併症を有する妊娠と周産期医療体制（https://www.mhlw.go.jp/file/05-Shingikai-10801000-Iseikyoku-Soumuka/0000134646.pdf［2019 年 3 月 30 日閲覧］）

松本陽子（2017）精神疾患合併妊婦と周産期医療体制．周産期医学 47-5 ; 615-617.

日本産婦人科医会（2017）妊産婦メンタルヘルスケアマニュアル—産後ケアへの切れ目のない支援に向けて（http://www.jaog.or.jp/wp/wp-content/uploads/2017/06/jaogmental_L_0001.pdf［2019 年 3 月 30 日閲覧］）

日本周産期メンタルヘルス学会（2017）周産期メンタルヘルス コンセンサスガイド 2017（http://pmhguideline.com/［2019 年 3 月 30 日閲覧］）

杉本恵申 編（2018）診療点数早見表 2018 年 4 月版．医学通信社.

渡邉博幸（2018）精神科医は，母子保健とどのように連携していくのか？—松戸市の取り組みを例に．精神神経学雑誌 120-1 ; 52-59.

[特集] 公認心理師のための法律入門——仕事に役立つ法と制度の必携知識

# 一般医療（2）

高齢者医療

## 元永拓郎 Takuro Motonaga

帝京大学

## I　はじめに

　高齢社会を迎えた日本は，高齢者医療について試行錯誤の歴史がある。それらを簡単に振り返りながら，高齢者医療と法・制度との関係を眺めてみた（図1）。高齢者支援のための初期の施策としては，福祉領域に該当するが老人福祉法（1963年成立）に注目したい。この法律によって，特別養護老人ホームが設置されることとなった。1973年改正により老人医療費の無償化が達成されたが，財政難により1982年成立の老人保健法により一部有償化された。その後，老人保健法の1986年改正により，老人保健施設が設置されることとなった。

　高齢社会を迎えるうえで大きな制度変更は，2000年に導入された介護保険制度であろう（介護保険法は1997年成立）。この制度によって高齢者が安心して生活するための基盤が整備された。この制度は，福祉分野のみならず，老人保健施設，訪問看護のサービスも含んでおり，介護と医療の連携が目指されている。

　この方向は，2008年の後期高齢者医療制度の導入，2014年成立の医療介護総合確保推進法も含め，住み慣れた地域で自分らしい暮らしを続け
られるように，住まい・医療・介護・予防・生活支援が一体的に提供される，いわゆる「地域包括ケアシステム」の整備という現在の流れにつながっている（図1）。これら高齢者施策の全体像を把握したうえで，高齢者医療における公認心理師の役割を考えていくことが肝要である。

　なおこの地域包括ケアシステムの考え方は，高齢者の地域での暮らしの支援にとどまらず，障害者の地域生活の支援，子どもや子育て世代の地域生活の支援にも通底する。たとえば子どもであれば，住まい・医療・福祉・生活支援に教育も含めた一体型の支援が必要となろう。横断的資格という公認心理師の特徴は，このような地域包括ケアの考え方と親和性がある。地域社会における包括ケアの営みのなかで，公認心理師がどのような役割を担い，その知識と技術を活かすことができるか，今後の実践のなかから見出すべきと考える。

## II　医療システムと高齢者

　日本における医療は，明治時代（1874年）に定められた医制から始まった。現在は，医師（医師法），保健師・助産師・看護師（保健師助産師看護師法：保助看法），薬剤師（薬剤師法）といった職種に加え，保助看法でいう診療補助の独占を

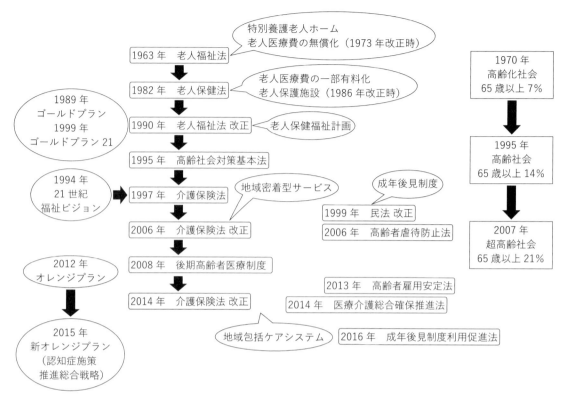

図1 高齢者に関する医療と福祉（元永（2018）を改変）

解除する方法で，診療補助職が次々と定められた。特に高齢者と関係する職種として，理学療法士及び作業療法士法（1965年成立），視能訓練士法（1971年成立），救命救急士法（1991年）などがある。嚥下訓練などで高齢者に関与する言語聴覚士は診療補助職ではないが，業務の一部（嚥下訓練や人工内耳の調整など）については保助看法の解除手続きがなされている。ちなみに高齢者に関係の深い社会福祉および介護福祉士，精神保健福祉士も，診療補助職ではなく福祉職に位置づけされる。ちなみに公認心理師も診療補助職ではない。今後，これらの多職種で展開されるチーム医療において公認心理師がどのような役割を担うかが重要となる。

医療制度の全体的骨格は医療法によって定められている。医療法では，病院や診療所，医療供給体制（医療計画含む），医療法人などにふれており，その歴史的概要を図2に示した。医療計画は都道府県が定めるものとされており，医療圏を設定し，その圏内での基準病床数や救急医療の整備といった医療供給体制を示している。図2にあるように，近年の第6次計画に定められた5疾患はすべて高齢者にとって重要なものである。また在宅医療や介護保険事業計画との整合性なども，高齢者医療の中心的テーマである。

このような医療制度を財政的な面で支えるのが医療保険制度である。医療保険制度については，社会保障制度全体をみながらその歴史的変遷を押さえたい。医療保険制度と年金制度によって国民をすべてカバーするという国民皆保険制度が1961年に確立した。その後，介護保険制度（2000年開始）や後期高齢者医療制度（2008年開始）により高齢者の医療や福祉の整備が行われ，前述の医療介護総合確保推進法（2014年成立）につながっていく。

さらに医療保険制度を支えるのが診療報酬制度

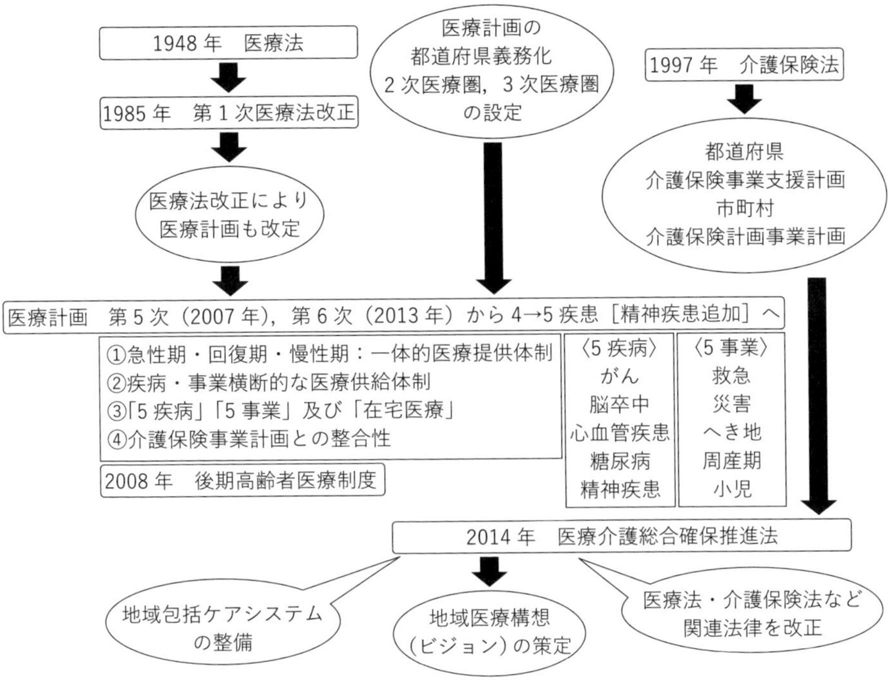

一般医療（2）＊元永拓郎　特　集

1948 年　医療法

↓

1985 年　第 1 次医療法改正

↓

医療法改正により
医療計画も改定

↓

医療計画の
都道府県義務化
2 次医療圏，3 次医療圏
の設定

1997 年　介護保険法

↓

都道府県
介護保険事業支援計画
市町村
介護保険計画事業計画

医療計画　第 5 次（2007 年），第 6 次（2013 年）から 4→5 疾患［精神疾患追加］へ

①急性期・回復期・慢性期：一体的医療提供体制
②疾病・事業横断的な医療供給体制
③「5 疾病」「5 事業」及び「在宅医療」
④介護保険事業計画との整合性

〈5 疾病〉
がん
脳卒中
心血管疾患
糖尿病
精神疾患

〈5 事業〉
救急
災害
へき地
周産期
小児

2008 年　後期高齢者医療制度

2014 年　医療介護総合確保推進法

地域包括ケアシステム
の整備

地域医療構想
（ビジョン）の策定

医療法・介護保険法など
関連法律を改正

図 2　医療計画の経緯（元永（2018）を改変）

である。この制度は，保険医療サービスの対価として医療機関が受け取る報酬額を，全国一律に定める制度である。2018 年度の診療報酬改定によって，診療報酬上の心理職については経過措置を設けたうえで，「公認心理師」に統一された。

### III　後期高齢者医療制度

高齢者の医療費の伸び率は大きく，その財源をどうするかが高齢社会においては重要な課題となる。日本においては 2008 年の後期高齢者医療制度の開始により，財源の問題に対処しようとしている。75 歳以上の後期高齢者に関して，保険料徴収とその使用を広域連合に一元化し，財政および運営責任を明確にした。75 歳未満で加入していた国民健康保険や社会保険では自己負担は 3 割であるが，後期高齢者医療制度では 1 割負担となる。ただし「現役並み所得」があると 3 割負担となる。なお国民健康保険や社会保険に加入していても 70 歳からは 2 割の自己負担となる（一定の収入を超えた場合は 3 割負担となる）。なお自

己負担額以外の医療内容は，後期高齢者であろうとなかろうと基本的に変わらない。公認心理師が 75 歳以上の高齢者を医療現場で支援する際には，このような医療制度も頭に入れておく必要があろう。

### IV　認知症と医療

日本における認知症をもつ人の数は，2012 年に 462 万人であったが，2025 年には約 700 万人になると推計されている。医療領域での認知症対応においてまず注目すべきは，2008 年の「認知症の医療と生活の質を高める緊急プロジェクト」の提言である。この提言によって認知症疾患医療センターが全国に設立されることとなった。

認知症疾患医療センターは，認知症疾患に関する鑑別診断の実施など地域での認知症医療提供体制の拠点としての活動を行っており，2018 年末現在で 440 カ所となっている。うち都道府県圏域で総合病院として活動する基幹型が 16 カ所，二次医療圏域で精神科病院等の病院として活動する

地域型が365カ所，二次協圏域で診療所・病院として活動する連携型が59カ所となっている。いずれも専門医が1名以上必要で，基幹型・地域型では臨床心理技術者が1名以上，精神保健福祉士または保健師が2名以上必要とされている。連携型では，看護師・保健師・精神保健福祉士・臨床心理技術者等のうち1名以上が必要という基準である。公認心理師は，この臨床心理技術者として役割を担うこととなろう。

認知症施策については，2012年に「認知症施策推進5か年計画（オレンジプラン）」が示され，住み慣れた地域で生活することを目指した支援の方向性が示された。2015年には「認知症施策推進総合戦略（新オレンジプラン）」が策定された。新オレンジプランの特徴のひとつは，認知症の本人（当事者）の意見を重視し，施策の策定に認知症の人の声を反映させる姿勢を明確にしたことである。また認知症カフェ設置の推進など認知症の

人や家族が地域で安心して暮らせるための支援や，認知症の人への医療・介護の質の向上を目指した施策も定められている。そのひとつに認知症初期集中支援チームがある。複数の専門職がチームを作り早期に訪問し，適切な医療や介護の導入を進め，自立生活のサポートを目指すものである。

認知症医療において公認心理師は，心理検査をはじめとするアセスメントや回想法などの支援が中心的な役割となっているが，それらの役割を大切にしながら，認知症の本人の心情に徹底して寄り添い，本人の声なき声に耳を傾ける心理専門職としての本質的支援が求められよう。

▶ 文献

金子和夫 監修，津川律子，元永拓郎 編著（2016）心の専門家が出会う法律［新版］．誠信書房．

元永拓郎 編（2018）関係行政論．遠見書房．

津川律子，元永拓郎（2017）心理臨床における法と倫理．放送大学教育振興会．

[特集] 公認心理師のための法律入門——仕事に役立つ法と制度の必携知識

# 精神科病院
## 公認心理師の業務に関わる法と制度

**武田知也** Tomoya Takeda

福山大学人間文化学部心理学科

## I　はじめに

　2019年，医療・保健，教育，福祉，産業・組織，司法・矯正といった各領域を横断する公認心理師（以下，心理師）が誕生した。各領域の心理師は，それぞれの領域に関連する法や制度に沿って業務を行なっていく。精神科病院での心理師の業務は，主に診療報酬に沿っているといっても過言ではない。そのため，まずは精神科病院での業務と診療報酬について，次にそれらの業務に関わる上で必要な法や制度について紹介する。

## II　精神科病院での業務と診療報酬

　健康保険法などで定められている医療保険制度では，医療機関が保険診療として提供したサービスに対する対価として，全国一律に適用される診療報酬が設定されている。つまり，診療報酬は医療機関の財源となるため，サービスを提供する人材の確保や業務とも密接に関係している。

　本稿では，精神科での業務内容のなかでも心理師が担うことが多い心理検査，個人心理療法や集団心理療法について，診療報酬においてどのように定められているのかを紹介する。

## 1　心理検査

　診療報酬における臨床心理・神経心理検査として，「発達及び知能検査」「人格検査」「認知機能検査その他の心理検査」があり，その下位分類に「操作が容易なもの」「操作が複雑なもの」「操作と処理が極めて複雑なもの」として個々の検査が分類されている（社会保険研究所，2018）。例として，発達及び知能検査の分類を挙げる（表）。その他のカテゴリーの詳細については，文献（社会保険研究所，2018）を参照いただきたい。

　算定方法は，同日に同一カテゴリーの検査を複数行なった場合，そのうち主な1種類が算定される。たとえば，現在の臨床像から知的能力の低下が推測される成人患者がいるとしよう。主治医より知的能力や認知機能の低下のアセスメント依頼が入り，主治医と相談の上，病前と現在の知的能力を把握する目的で，Japanese Adult Reading Test（JART），Wechsler Adult Intelligence Scale-Third Edition（WAIS-III）を実施する。この場合，同一カテゴリーのなかから主な1種類が算定される。

　次に，別のカテゴリーの検査を同日に実施する例を挙げる。主治医より成人患者に対する発達障害の精査の依頼が入り，主治医と相談の上，

特　集　公認心理師のための法律入門——仕事に役立つ法と制度の必携知識

表　発達及び知能検査の診療報酬一覧

| 1 | 操作が容易なもの 検査と処理に概ね 40分以上 | 80点[注] | • 津守式乳幼児精神発達検査 <br>• 牛島乳幼児簡易検査 <br>• 日本版ミラー幼児発達 スクリーニング検査 <br>• 遠城寺式乳幼児分析的発達検査 <br>• デンバー式発達スクリーニング | • DAM グッドイナフ人物画知能検査 <br>• フロスティッグ視知覚発達検査 <br>• 脳研式知能検査 <br>• コース立方体組み合わせテスト <br>• レーヴン色彩マトリックス <br>• JART | |
|---|---|---|---|---|---|
| 2 | 操作が複雑なもの 検査と処理に概ね 1時間以上 | 280点 | • MCC ベビーテスト <br>• PBT ピクチュア・ブロック 知能検査 <br>• 新版 K 式発達検査 <br>• WPPSI 知能診断検査 | • 全訂版田中ビネー知能 検査 <br>• 田中ビネー知能検査 V <br>• 鈴木ビネー式知能検査 <br>• WISC-R 知能検査 | • WAIS-R 成人知能検査 （WAIS を含む） <br>• 大脇式盲人用知能検査 <br>• ベイリー発達検査 |
| 3 | 操作と処理が極めて 複雑なもの 検査と処理に概ね 1時間30分以上 | 450点 | • WISC-III 知能検査 <br>• WISC-IV 知能検査 <br>• WAIS-III 成人知能検査 | | |

注：1点10円で計算する。80点＝800円。

認知特性そして幼少期の発達特徴のアセスメントのために WAIS-III と Parent-Interview ASD Rating Scale-Text Revision（PARS-TR）を実施する。この場合，WAIS-III は「発達及び知能検査」，PARS-TR は「認知機能検査その他の心理検査」とカテゴリーが異なるため，両検査を算定する。

　このように診療報酬により算定できる心理検査が定められているが，心理師の検査実施は算定基準に関わらない。2018（平成30）年度の算定基準では，「臨床心理・神経心理検査は，医師が自ら，又は医師の指示により他の従事者が自施設において検査及び結果処理を行い，かつ，その結果に基づき医師が自ら結果を分析した場合にのみ算定する」とある。つまり，医師の指示のもとであれば職種に関係なく心理検査を実施でき，最終的に医師自らが結果を分析したときのみしか算定できない。

**2　個人心理療法・集団心理療法**

　心理的介入として，個人心理療法や集団心理療法がある。現在の診療報酬制度では，心理師が個人心理療法を実施しても算定できない。さらに集団心理療法である通院集団精神療法，入院集団精神療法，依存症集団療法，入院生活技能訓練療法

の算定基準に心理師の記載はあるが，必須条件ではない。

　2010（平成22）年4月より認知行動療法（以下，CBT）に習熟した医師が実施するうつ病に対するCBT が診療報酬化された。そして，2019（平成31）年現在，医師のみでなく，医師と看護師がチームを組み，うつ病や他の精神疾患にCBTを実施した場合にも診療報酬として算定されることになった。CBT のマニュアルの多くは，30分以上の面接を15回以上実施することが標準とされており，多くの受け持ち患者を抱える医師や看護師が実施するのは容易ではない。佐藤・丹野（2012）は，日本で実施されたうつ病へのCBTの効果研究を対象に系統的レビューを行なっており，それによると，CBT の実施職種としては心理士（91.7%）が最も多く，次いで医師（41.7%），看護師（33.3%）であった。加えて，心理職によるCBT はうつ病の改善に効果があったことも示している。つまり，医療現場における CBT の担い手は心理職であることが多く，その傾向は継続することが考えられる。

　今後，心理師が CBT の算定基準に組み込まれるかどうかは現段階において定かではない。しかし，エビデンスのある CBT の認知度が増すにつ

れ，医療現場の心理師は医療従事者や患者から
CBT の習得や実施を一層求められるようになる
ことが予想される。そのため，環境調整や薬物療
法とともに，当該患者に対する CBT の適用を判
断できるよう臨床実践や文献研究を通して学び続
ける必要がある。

### III 精神科業務に関わる法と制度

精神科業務に関わる法と制度として，秘密保持
義務と精神保健福祉法がある。公認心理師法では，
第41条で秘密保持という法的義務が課せられて
いる。一方で，同第42条において多職種連携が
定められ，個人情報を共有する機会は増加してい
る。本節ではまず，多職種連携における情報共有
の方法について記載する。次に，入院治療に関係
する精神保健福祉法について記載する。

#### 1 秘密保持と多職種連携

チーム医療では，医師，看護師，精神保健福祉士，
心理師などの多職種が連携して患者の治療に当た
る。各職種がそれぞれの専門性から意見を出し合
い，アセスメントを深め，より良い医療を提供す
ることを目的に情報共有を行なう。心理師は，心
理検査や心理療法などを通じて患者と関わり，患
者の情報を得る。重要なことは，得た情報が何を
目的に誰に伝わるのかを患者に説明し，患者の同
意を得ること（インフォームド・コンセント）で
ある。金沢（2018）は，患者の同意を得ない情報
共有は職業倫理上そして法律的にも違反行為であ
ると指摘している。しかし，遠藤（2018）は臨床
心理士を対象に心理療法で何をどのように説明す
るのかを調査し，機関内での面接記録の保管・取
り扱い方法は患者に説明されないことが多いと報
告している。このように定められた方針と実際の
現場ではギャップが生じている。さらに，患者が
心理療法実施時に秘密が守られると考えるからこ
そ出てくる話題もある（例：服薬アドヒアランス
など）。守秘義務と情報共有には未だ課題がある
が，すべての情報を開示できなかった患者の心情

に配慮しつつ，情報を共有することへの理解を得
る努力をすることが，今後は一層必要になるだろ
う。

#### 2 精神保健福祉法

精神保健福祉法により，入院形態は任意入院，
医療保護入院，応急入院，措置入院，緊急措置入
院と定められている。心理師が入院手続きに直接
関わることは少ないが，どのようなときに，ど
の入院手続きが行なわれるのかを知っておくこと
は，患者の精神症状のアセスメントに繋がる。本
稿では，任意入院に次いで頻度の高い医療保護入
院と措置入院について紹介する。

医療保護入院とは，精神保健指定医の診察の結
果，精神科入院治療が必要と判断されたものの，
本人の同意が得られなかった場合，家族等もしく
は市区町村長の同意によって行なわれる非自発的
入院のことである。たとえば，摂食障害による低
体重，低栄養状態が続き，命の危険があるにもか
かわらず本人からの入院同意が得られないような
場合である。

次に措置入院とは，精神疾患のために自傷他害
のおそれがある人に対して行なわれる非自発的入
院である。警察官等が保健所長を経由して都道府
県知事（もしくは政令指定都市の市長）へ通報し，
2名以上の精神保健指定医の診察の結果が一致し
た場合に行なわれる。たとえば，統合失調症患者
が，幻覚妄想に影響されて，凶器を振り回したり，
暴力行為に至ったりした場合である。入院形態を
知ることは，患者の状態像のアセスメントに繋が
るため，精神科病院での業務に精神保健福祉法の
知識は必須である。

### IV おわりに

精神科業務に関わる法と制度に関して，心理師
業務がどのように診療報酬と関わっているのか，
さらに業務に必要な法と制度として秘密保持と精
神保健福祉法を紹介した。心理師が誕生してま
だ1年であり，さらに次年度には診療報酬の改定

がある。精神科業務に関連する法と制度は社会の
ニーズや変化に応じて変更が生じるため，常日頃
からそれらに意識を向けておく必要がある。

#### ▶ 文献

遠藤裕乃（2018）臨床心理士による心理療法におけるイン
　フォームド・コンセントに関する予備的調査．兵庫教育
　大学教育実践学論集 19 ; 65-74.

金沢吉展（2018）守秘義務と情報共有の適切性．In：福島
　哲夫 編集責任，尾久祐紀，山蔦圭輔，本田周二ほか 編：
　公認心理師必携テキスト．学研プラス，pp.25-31.

佐藤寛，丹野義彦（2012）日本における心理士によるうつ
　病に対する認知行動療法の系統的レビュー．行動療法研
　究 38-3 ; 157-167.

社会保険研究所（2018）医科点数表の解釈 平成 30 年 4 月
　版．社会保険研究所.

[特集] 公認心理師のための法律入門——仕事に役立つ法と制度の必携知識

# スクールカウンセリング

スクールカウンセラーに必要な法律知識

## 増田健太郎 Kentaro Masuda

九州大学大学院

## I　はじめに

　スクールカウンセラー（以下，SC）や教師にとって，一番大切なことは，子どもたちの生命を守ることである。子どもの生命を守ったうえで，心理職として心を支える仕事や心の成長を促す予防教育が可能となる。たとえば，学校・学級が荒れているときに，あるいは子どもがいじめられているときに，学校に行くことを求めるのは，子どもの生命よりも登校優先になっているからである。子どもの置かれている心理状況・家庭的背景・学校要因を的確に見立て，「義務教育の段階における普通教育に相当する教育の機会の確保等に関する法律」を理解したうえで，連携先を知っていたら，登校ではなく，別の道の支援を考えるべきであろう。

　令和になってからも，子どもたちや親子が犠牲となる交通事故が多発している。しかし，道路交通法の整備や安全装置などの技術革新によって，交通事故死亡者は昭和40年代のピーク時から考えると激減している。これは，法律整備と技術革新によって，市民の生命が守られていることを意味する。

　では，学校現場はどうだろうか。学校教育は，

日本国憲法，子どもの権利条約，教育基本法，学校教育法，学校保健安全法が法律的基盤である。学校では多種多様なことが起こる。「学校管理下の事故・自殺・指導死」「いじめ・学級崩壊・校内暴力・貧困の問題」「集団食中毒・教職員のパワーハラスメント・セクシュアルハラスメント・教職員のわいせつ事案」「体罰・教師の精神性疾患」「不登校・学力低下」「保護者のクレーム」などである。いじめ防止対策推進法が施行された2015年以降も，いじめに関係した自殺事件はなくなっていない。関連法規の理解と学校内の教職員での「情報共有」により即時・即事に対応がなされていれば，自殺までに至らなかったと思われる事案は多い。また虐待は，児童福祉法・児童虐待の防止等に関する法律に「早期発見」と「通告義務」が対策として明記されている。2019年の千葉県野田市の事案に見られるように，教育委員会・学校・児童相談所の対応の誤りによって，一人の尊い生命が失われることもある。もし関連法規を正しく理解していれば，そして父親が恫喝した時点で警察に連絡していれば，救われた生命だった。

　SCは教育法規・教育制度と教育現場の状況を理解し，「子どもたちの生命と心を守る」という強い覚悟をもつ必要がある。そのうえで，心理の

特　集　公認心理師のための法律入門──仕事に役立つ法と制度の必携知識

専門的サービスを教職員や児童生徒・保護者に提供することが求められる。

## II　学校現場での主な課題と法律

### 1　いじめを法律的にみる

2013年度に制定された「いじめ防止対策推進法」によって，いじめが「児童生徒に対して，当該児童生徒が在籍している等当該児童生徒と一定の人的関係のある他の児童生徒が行う心理的または物理的な影響を与える行為（インターネットを通じて行われるものも含む）であって，当該行為の対象となった児童生徒が心身の苦痛を感じているもの」と定義され，また重大事態への対処も明記されるとともに，いじめ防止対策推進委員会が各自治体・各学校に設置されたが，いじめは減っていないのが現状であろう。いじめが原因であろうと思われる自殺事件は後を絶たず，自殺対策基本法が制定されてから自殺者数全体は減少傾向にあるが，青少年の自殺は減っていない。

「いじめ」と一言で括られることが多いが，年齢と起きた場所によってその扱われ方は異なる。つまり，一定の年齢以上であり，場所が学校でなければ，犯罪である。近年は警察が学校に早期に介入することも増えている。学校で「水をかける」「たたく・殴る」などした場合，プロレスごっこを強要した場合は刑法の暴行罪，けがをさせた場合は傷害罪に問われる。さらにメールやLINEで「明日2,000円持って来いよ」と書いて脅したら脅迫罪，インターネット上や黒板などに実名で悪口や中傷を書いたら名誉棄損罪，洋服をわざと汚したら器物損壊罪，友人の裸の写真を撮ったり，メールやLINEで送ったりすれば，児童ポルノ禁止法違反になる。

法律的に考えると難しいが，心情的・教育的には「自分がされていやなことはしない」というシンプルなものであろう。

いじめや暴力行為などの性行不良があって他の児童生徒の教育の妨げがあると認められる児童生徒に関しては，市町村教育委員会が，その保護者に対して児童生徒の出席停止を命ずることができる。この出席停止制度は，懲戒ではなく，学校の秩序を維持し，他の児童生徒の義務教育を受ける権利を保障する観点から設けられている。現状では，出席停止は歯止めがかからない暴力行為の増加やいじめ事案に対して，毎年10件程度と少ない。子どもの生命を守るためには，出席停止処分の在り様を再考する時期に来ていると考えられる。

### 2　体罰を法律的にみる

文科省は，2012年に起きた大阪市桜宮高校における部活動顧問による体罰を受けた生徒の自殺事件以降，2013年度中から「体罰の実態把握」の集計を始めた。発生件数は，2012・2013年度は急増したが，2014年度以降は減少傾向にある。一方，2016年度の国公立・私立の小学校から高校までの体罰の被害児童生徒数は1,401人であるが，懲戒処分や訓告などを受けた教員は654人である。また，体罰の発生件数は838件（前年比−5.8%）である。体罰をしない教育とは何か，体罰によって児童生徒がどのような影響を受けるのか，さらに不祥事を起こして処分されたときには，教職員にどのような処分が下され，今後の人生にどのような影響があるのかを，SCは心理学的知見から指導・助言していく必要性がある。

学校における生徒への懲戒は，児童生徒を叱責・処罰することである。学校教育法第11条において，「校長及び教員は，教育上必要と認められるときは，文部科学大臣の定めるところにより，児童，生徒，及び学生に懲戒を加えることができる。ただし，体罰を加えることはできない」と規定されている。同様の行為を学校以外の場所で生徒に行った場合，刑法の「暴行罪」「傷害罪」に該当する。

一方，懲戒は法的に認められている。児童生徒への叱責や，起立させたり，罰として清掃をさせたりする「事実行為としての懲戒」と「退学・停学の法的効果を伴う懲戒」がある。学校教育法施

行規則第26条において,「校長及び教員が児童等に懲戒を加えるにあたっては,児童等の心身の発達に応ずる等教育上必要な配慮をしなければならない」と規定され,「懲戒のうち,退学,停学及び訓告の処分は,校長が行う」が,退学・停学は,義務教育段階に在籍中の児童生徒には適用できない。

学校教育法第35条において,公立学校における出席停止制度は「市町村の教育委員会は,性行不良であって他の児童の教育に妨げがあると認める児童があるときは,その保護者に対して,児童の出席停止を命ずることができる」と規定されている。教育を妨げる行為とは,①他の児童に傷害,心身の苦痛または財産上の損失を与える行為,②職員に傷害または心身の苦痛を与える行為,③施設または設備を損壊する行為,④授業その他の教育活動の実施を妨げる行為の4つであり,「市町村の教育委員会は,前項の規定により出席停止を命ずる場合には,あらかじめ保護者の意見を聴取するとともに,理由及び期間を記載した文書を交付しなければならない」とされている。さらに,児童の学習権の保障のために,「市町村の教育委員会は,出席停止の命令に係る児童の出席停止の期間における学習に対する支援その他の教育上必要な措置を講ずるものとする」と定めている。

SCは,体罰・懲戒・出席停止を法律的に理解したうえで,当教員に対する学級経営の助言・支援,出席停止を受けた児童生徒および保護者の心のケアを担うことが求められている。

## 3 教職員の不祥事を法律的にみる

教職員に対するコンプライアンス研修は継続的に実施されているにもかかわらず,体罰・猥褻事案が依然として発生している。教職員の不祥事は以下のように行為別に分類されている――(1)わいせつ事案――①わいせつな行為(児童生徒や18歳未満の少女とのわいせつな行為など),②盗撮・下着窃盗,(2)飲酒関連事案――①飲酒運転,②飲酒後のトラブル,(3)体罰,(4)交通事故,(5)情報関連事案――①USBメモリの紛失,②SNSなどでの中傷行為の拡散,(6)財物の窃取――①窃盗・万引き,②公金横領・手当の不正支給,(7)その他――①事務処理遅滞・文書偽造,②銃刀法違反,③建造物侵入,④薬事犯人(大麻・覚醒剤などの所持や使用),⑤ドローンなどの機器(ドローンを飛行禁止区域で飛ばす),⑥賭博。

不祥事防止対策には,1次予防(未然防止),2次予防(変化の兆候への気づきと早期対処),3次予防(再発防止)がある。

不祥事が起こった場合には,刑法や条例による処罰と,教育委員会等任命権者が行う懲戒処分がある。体罰などで児童生徒などの被害者への慰謝料が発生した場合,体罰などの事案を起こした教職員に対して,損害賠償責任が発生することにも留意しておきたい。不祥事が起こると,学校の信頼がなくなると同時に,児童生徒や保護者への説明,事象によっては,児童生徒の聞き取り調査や教育委員会への報告書作成など,教育活動への心理的・時間的影響は計り知れない。教職員の不祥事対応では,予防に時間と労力をかけることが重要である。

SCには,教職員の不祥事の内容,およびどのような責任を負うのかを理解しておき,1次予防でのロールプレイを用いた研修会の実施や事案が生じたときの対応について理解しておくことが求められる。

## III おわりに――法の理解と覚悟

2019年に国家資格として誕生した公認心理師は,公認心理師法の下にその職責を遂行することが求められる。多職種連携やチーム学校のキーパーソンとして機能するためには,教育関係法規だけではなく,児童福祉,司法・犯罪分野,保健医療分野の法律の理解が多職種連携の基盤になる。そして,教職員との信頼関係,児童相談所や病院の専門職との関係性も求められる。いじめ・虐待は,つねに動いている。相談室のなかだけでは,解決できない。一瞬の判断の遅れが,子ども

特　集　公認心理師のための法律入門——仕事に役立つ法と制度の必携知識

の生命を奪う。子どものこころと生命を守る第一歩は，法律・制度の理解であり，一番大切なことは「子どもの生命を守るという覚悟」である。

▶文献

増田健太郎（2018）教育分野における公認心理師の具体的業務. In：野島一彦 編：公認心理師の職責. 遠見書房.

増田健太郎（2019）理論と支援の展開. In：公認心理師分野別テキスト［教育分野］. 創元社.

**告 知** …… 第12回（2019年度）関西森田療法セミナー（入門コース）

日時：2019年9月～2020年2月（全6回）日曜日　10：00～12：00

会場：大阪産業創造館ほか大阪市内の会場（予定）

内容：このセミナーは，森田療法初心者向けのものです。森田療法の基本的な理論と治療の実際についての講義を行います。本セミナーは，日本森田療法学会公認です。

受講対象者：メンタルヘルスに関わる医師，公認心理師，臨床心理士，カウンセラー（学生相談，スクールカウンセラー，産業カウンセラーなど），社会福祉士，精神保健福祉士，教育関係者で森田療法セミナー資格審議会が適当と認めた方。原則クライアントの守秘義務を守れる方。

受講料（テキスト代3,200円含む）：33,200円／大学院生（医師・社会人大学院生は除く）18,200円

連絡先：〒194-0298 東京都町田市相原町4342

　　　　法政大学現代福祉学部久保田研究室内 関西森田療法セミナー事務局

　　　　E-Mail：Kansai.morita.seminer@gmail.com

　　　　お問い合わせ，ご連絡は事務局まで郵便もしくはe-mailにてお願い致します。

　　　　行き違いを避けるため，お電話によるお問い合わせはご遠慮ください。

[特集] 公認心理師のための法律入門――仕事に役立つ法と制度の必携知識

# 学生相談

**齋藤暢一朗** Choichiro Saito
北海道大学学生相談総合センター

**児矢野マリ** Mari Koyano
北海道大学大学院法学研究科

## I 高等教育機関における学生相談の位置づけ

　大学生は社会に出る前の最後の段階にあって，それまでの発達段階上の未解決課題，学業上の適応，人間関係の悩み，生活上のトラブル，進路選択の悩みのほか，この時期は精神疾患の好発時期であり，また死因では自殺が最も多い年代である。このようにさまざまな悩みや危機により，大学生活を送ることが困難になる学生およびその関係者への支援の提供は，大学教育を根底で支える。したがって，大学における学生相談室の設置や相談員の配置は，法律上の要請ではないが，多くの大学では重視されており，大学評価・学位授与機構における大学評価でも，学生相談体制は基準のひとつとされている。このように学生相談室は高等教育機関において，なくてはならない存在となりつつある。

　学生相談機関の設置根拠は各大学によりさまざまであるが，多くの場合は学則により定められている。そして，そこには設置目的，任務，構成員の資格，責任および権限などが明記されているだろう。その一方で，学生相談機関の組織上の位置づけが学則上，曖昧になっている大学もある。そのような場合，緊急対応や組織横断的な対応が必要なときに，個人情報の取り扱いや指揮命令系統の混乱などにより，結果的に支援対象者の権利の侵害や大学の法的責任を生じる事態となるおそれがある。したがって，そうしたなかで臨床活動を行うカウンセラーは，学生相談機関の根拠となる学則の作成やその改訂の必要性について，カウンセリングの実務家としての観点から，所属先の関係組織へ働きかけることが必要な場合もある。

## II 学生相談場面における法や制度

　大学生は，心理発達的には社会に出て行く準備期間であるが，現実社会に生きる当事者でもある。そのため来談学生の相談内容は，心理的な問題だけでなく法や制度に絡む問題も少なくない。学生相談室は心理療法的なアプローチだけではなく，「なんでも相談」の機能を併せ持つため，法や制度にも関わる多様な相談が持ち込まれる。ただし，カウンセラーは法の専門家ではないため，この意味で自らの専門性の限界を認識したうえで対応にあたらなくてはいけない。そして，そのことを踏まえて，カウンセラー側に相談内容と関連する法や制度について一定の知識や理解があれば，より適切かつ迅速に学生の問題解決を支援できる場合も多いだろう。

特　集　公認心理師のための法律入門──仕事に役立つ法と制度の必携知識

つまり，現実の問題と心理的課題は重なりやすいため，カウンセラーがそのような素養を備えていれば，法や制度に絡む現実的問題と学生の心理的課題を整理し，学生の主体的な判断を支援することもできる。カウンセラーには，来談学生の心理的資質や現実状況から来談した学生が現実の問題と心理的課題を同時に解決することが可能なのか，そもそもそれを本人が望んでいるのか否かを見極め，問題解決における学生の主体的選択を促すことが求められる。ここにおいて，法や制度に関する知識や理解は強みを発揮するだろう。

### III　学生相談体制と関連する法や制度

学生相談体制の責任および役割については，学内外の他の制度との関係からも考える必要がある。その例として，ここではハラスメントに関係する問題を取り上げる。紹介するのは，当該学生の直面している事態を両親がハラスメントに関係する問題として捉え，学生相談に持ち込んできた架空のケースである。

#### 架空事例：指導教員の不適切な研究指導についての相談

修士課程に在籍するBは，指導教員から与えられた研究テーマの実験に取り組んでいたが，思うような結果が出ない日々が続いていた。週に1回開かれる研究進捗報告会で，Bは他のゼミ生の前で指導教員から失敗の原因や研究に対する姿勢を責められることが続いた。約1カ月後，やはり実験がうまく進まないBに対して，指導教員は実験の資料代が無駄になるとの理由で，Bに実験を辞めさせ，そして，ゼミの出席以外はしばらく研究室に来なくてよいと告げた。

それ以降，Bは熟睡できず，食欲もない日々が続いた。そうしたBの様子を心配した両親は，Bに事情を聞いて上記の経緯を知ることとなった。両親は驚き，そして指導教員の指導方法について強い不信感と憤りを抱き，両親だけで学生相談室に来談した。両親は，指導教員が適切な指導を放棄し，かつ皆の前で叱責などをしている行為は，アカデミック・

ハラスメントであると主張した。そして，この点についてカウンセラーに意見を求めてきた。

一般に，大学は教育機関として学生に対して良好な修学環境を提供する責務を負い，学生はそのような環境を享受する権利をもっている。したがって，学生の修学環境が教員の不当な対応により悪化しているのであれば，大学は，その状態の是正に努めなければならない。キャンパス・ハラスメントについて大学が法的責任を負うことの根拠として，法律家は，「債務不履行責任（安全配慮義務違反）」「不法行為責任（使用者責任）」および「管理責任」の3つを挙げている（飛翔法律事務所，2018）。

以上のことを踏まえると，大学の学生相談においては，大学が備えているハラスメントの防止や対策に関するガイドライン，ならびに関連する学則などの内容を，カウンセラーが適切に理解していることが大変重要である。そうであれば，クライアントが大学のハラスメントに関する制度を適切に利用して問題解決につなげられるよう，適切な支援を提供できるからである。しかし，逆に必要な知識や理解がなければ，クライアントの不信感を招いたり，誤解を誘発したりすることによって，意図せずして結果的に状況を悪化させたり，問題解決を阻害したりしてしまう場合もあるだろう。

そして，ここで重要なのは，学生相談のカウンセラーがクライアントに対して，本人が問題にしている教員の行為がハラスメントに該当すると認定するような発言をしてはならないということである。これはハラスメント相談窓口の相談員には広く知られていることだが（井口・吉武，2012），学生相談のカウンセラーにも当てはまる。すなわち，多くの大学では，問題とされる行為がハラスメントに該当するか否かの判断は，然るべき学内機関による適正な事実調査・認定手続を経たうえで，ハラスメント認定の権限をもった機関が行うことになっている。事実調査・認定手続では，中

立的な立場から被害者と加害者双方，および関係者に対する慎重な聞き取りが行われ，ハラスメント認定は，その結果を十分に検討したうえで行われる。もしそのようなプロセスを経ないままにカウンセラーが行った判断が独り歩きしてしまえば，大学による問題対処に混乱を来すことになる。また，カウンセラーも後に関係者から名誉棄損など法的責任を追及されることもありうる。したがって，学生相談のカウンセラーには，自身の言動がそのような介入とならないよう，慎重な対応が求められる。カウンセラーは，大学の関連制度を踏まえ，クライエントの内的世界と現実の世界とを分けて考えなくてはいけない。

上記の架空事例において，カウンセラーは両親に対して次のように伝えることが考えられるだろう——「Bの話からは，Bは指導教員との関係で大変苦しい思いをしている。この教員の言動がハラスメントかどうかはこの場で判断できないが，この大学にはハラスメント相談窓口があるので，Bがそこに相談に行ってはどうか。この大学のハラスメントの制度では，相談者の秘密はもちろん守られるし，相談したからといって，直ちに指導教員に注意などが行くわけではない。Bはこれまでの経過を話したうえで，今後どのような選択肢があるのかについて，ハラスメント相談員と一緒に考えていくことができる」。

また，ハラスメントに関する相談においては，一人の相談員が被害者と加害者の双方から相談を受けることは，そもそも利益相反となりうる。し

たがって，現実に学生相談へハラスメントに関する相談が持ち込まれる可能性がある以上，複数の常勤相談員が配置されていることが望ましい。このことに象徴されるように，学内の学生支援に関する制度は，その制度を適切に運用できる体制とセットで考えられる必要がある。

## Ⅳ　おわりに

本論で詳しく触れなかったこと以外にも，学生相談を取り巻く法と制度の関連は広い。たとえば，障害学生支援と関連する障害者差別解消法，学生の非違行為と関係する刑法や学内の懲罰規程，信教の自由と大学内での正体を隠したカルト勧誘活動の異同などである。また，近い将来，成人年齢が18歳に引き下げられると，これまで多くの場合に未成年であった大学1年生が成人としての責任能力を有することになり，彼らがさまざまなトラブルに巻き込まれるリスクも増えると予想される。したがって，現実の法や制度のあり方を十分に踏まえた学生支援体制の充実が，今後ますます求められることになるだろう。

▶文献
飛翔法律事務所（2018）改訂2版 キャンパスハラスメント対策ハンドブック．経済産業調査会．
井口博，吉武清實（2012）大学・大学院の風土改革とリスク対応 アカデミック・ハラスメント対策の本格展開—事案・裁判の争点／規程・体制の進化／相談・調整の要点．地域科学研究会 高等教育情報センター．

[特集] 公認心理師のための法律入門──仕事に役立つ法と制度の必携知識

# 特別支援教育

## 篁 倫子 Tomoko Takamura
お茶の水女子大学

## I はじめに

わが国の特別支援教育は，一人ひとりの障害の種類・程度等に応じ，特別な配慮の下に，特別支援学校や小学校・中学校の特別支援学級，あるいは「通級による指導」において行われている。現在，その特別支援教育を受けている者は 486,377 人で，全幼児児童生徒数（幼・小・中・高校）の 3.2％にあたる（文部科学省，2018）。特別支援教育へと法制度上も移行した 2007（平成 19）年度は 266,786 人（1.7%）（文部科学省，2008）であり，10 年間で 2 倍近い割合となり，それ以前の 20 年間余り，1%前後であった時代と比べると 3 倍の値である。

この急増と言ってよい数値には，発達障害に括られる支援対象の拡大，地域の小・中学校での通常の学級における支援という場の拡大，そして，社会や人々の障害概念や障害児教育に対する意識の変容が反映されていると言えるだろう。

しかし，これらの児童生徒以外にも，通常の学級で実際には支援を受けている子どもが存在しており，新しい小学校学習指導要領（2017 年告示）（文部科学省，2017）でも，通常学級に在籍する特別な配慮を要する児童への支援が要請されてい

る（石塚，2019）。

本論では，特殊教育から特別支援教育への転換の経緯を概観することで，特別支援教育の理念と法制度についての理解を進めたい。そのうえで，2 つのテーマを取り上げて特別支援教育の現在に触れることにする。

## II 日本の特別支援教育
### ──特殊教育から特別支援教育へ

世界的な「ノーマライゼーション」の流れのなか，欧米ではすでに 1970 年代半ばから 1980 年代にかけてインテグレーション・統合教育，すなわち障害のある子どもが地域にある学校の通常の学級で，障害のない子どもと一緒に教育を受けることを目指す動きが始まった。そして，ユネスコのサマランカ宣言（1994）では「Education for All（万人のための教育）」を目指し，単なる場の統合に終わらない，一人ひとりの子どものニーズに応じたインクルーシブ教育について，世界的合意が表明された。

我が国では，文部科学省は「21 世紀の特殊教育の在り方に関する調査研究協力者会議」を設置し，その最終報告（2001（平成 13）年 1 月）では，これまでの盲・聾・養護学校や特殊学級にて

児童生徒等の障害の種類・程度に応じて特別の配慮のもとにきめ細かな教育を行ってきた特殊教育から、一人ひとりのニーズに対して必要な支援を行うという考えに基づいた対応を図る必要があると提言された。

2002（平成14）年には、全国規模の調査によって、小・中学校の通常の学級に在籍する児童生徒の6.3%が、学習面や行動面で著しい困難な状態を示している実態が明らかにされた（文部科学省、2002）。この調査結果は特別支援教育への転換に拍車をかけたものと言ってもよいだろう。そして、2003（平成15）年3月に公表された「今後の特別支援教育の在り方について（最終報告）」（文部科学省、2003）では、LD、ADHD、高機能自閉症を新たな特別支援教育の対象とすること、個別の教育支援計画の作成、小学校・中学校での特別支援教育コーディネーターの指名、特別支援学校（仮称）が地域でのセンター的な役割を果たすことなど、多岐にわたる提言がなされた。

そして、2005（平成17）年12月の「特別支援教育を推進するための制度の在り方について（答申）」（文部科学省、2005）では、盲・聾・養護学校の障害別学校から複数の障害種別を教育の対象とする「特別支援学校」に転換すること、教員免許についても「特別支援学校教諭免許状」に一本化することがまとめられた。この答申を踏まえて必要な制度の見直しを行い、ようやく学校教育法等の一部を改正する法律が2007（平成19）年4月に施行され、ここに「特別支援教育」は学校教育法に位置づけられた（文部科学省、2007b）。

### III　インクルーシブ教育と合理的配慮

先述したインクルーシブ教育は、障害のある子どもの教育ニーズに応える指導・教育があって初めて実現するものである。そこで、「障害者の権利に関する条約」（2008年5月3日発効、2014年1月20日日本国批准）で強調されている「合理的配慮」という新しい概念を取り入れ、教育では「障害のある子どもが、他の子どもと平等に

『教育を受ける権利』を享有・行使することを確保するために、学校の設置者及び学校が必要かつ適当な変更・調整を行うことであり、障害のある子どもに対し、その状況に応じて、学校教育を受ける場合に個別に必要とされるもの」であり、「学校の設置者及び学校に対して、体制面、財政面において、均衡を失した又は過度の負担を課さないもの」であると定義している（中央教育審議会、2012）。また、小・中学校で行う合理的配慮の観点は、教育内容・方法、支援体制（教員・支援員等の確保）、施設・設備の3つに整理されている。

### IV　就学相談

障害のある、あるいは発達に遅れやでこぼこがみられる子どもの就学に際して、保護者は悩み、迷い、そして決断を迫られる。

就学先決定の手続きについてもこれまで見直しがなされてきており、2002（平成14）年には「認定就学制度」が導入された。この制度は「就学基準（特別支援学校に就学すべき障害の程度）」（学校教育法施行令第22条の3）に該当する子どもであっても、地域の小・中学校において適切な教育を受けることができる特別な事情があると認められた場合、小・中学校に就学することができると定めたものである。さらに、2007（平成19）年の学校教育法施行令改正では、就学先決定においては専門家の意見徴収だけでなく、保護者の意見聴取が義務づけられた（文部科学省、2007a）。

就学先決定については、市町村教育委員会は保護者への情報提供と相談を十分に行い、保護者の意見を踏まえたうえで、子どもにとって最も適切な就学先を判断することが求められている。ただし制度上、就学先を決定するのは保護者ではなく、教育委員会となることに留意しておきたい。

筆者は早産低出生児の発達健診と相談に長く携わっており、6歳児健診では知的発達の評価を行い、就学について保護者と話し合う。特に知的発達が境界域であったり、一斉指導のみでは十分に理解できないのではないかという心配があった

り，行動面で気になることがあったり，あるいは特定の発達障害が疑われたりする子どもの就学先については，保護者と同じように我々専門職側も迷うことが多い。それは，子どもの発達特性，保護者の思い，自治体の方針，地域の学校の状況，クラスメートとなる子どもたちの特性など，さまざまな要因が絡むため，就学後の子どもの成長，学校への適応，あるいは学校における支援を予測することは難しいからである。就学先は通常の学級であれ，特別支援学級であれ，一長一短がある。就学相談に専門家として関わる者は，その時点では子どもにとって最善の選択であると保護者が納得でき，関係者もそれを支持できる決定に至るよう，関係者との情報交換を行いながら，保護者に同道していくことが必要であろう。もちろん，子どもの意思を確認することを忘れてはならない。

## Ⅴ　おわりに

現在，高等学校における特別支援教育の推進，発達障害の可能性のある児童生徒への支援，家庭と教育と福祉の連携，学齢期から社会参加までの支援体制の整備等々についての事業も進められている。特別支援教育のさらなる進化を期待したい。

▶文献

石塚謙二（2019）特別支援教育の理念と制度（2）．In：廣瀬由美子,石塚謙二 編：特別支援教育．ミネルヴァ書房, pp.19-20.

中央教育審議会（2012）共生社会の形成に向けたインクルーシブ教育システムの構築のための特別支援教育の推進（報告）.

文部科学省（2002）通常の学級に在籍する特別な教育的支援を必要とする児童生徒に関する全国実態調査（平成14年12月）.

文部科学省（2003）今後の特別支援教育の在り方について（最終報告）（平成15年3月）.

文部科学省（2005）特別支援教育を推進するための制度の在り方について（答申）（平成17年12月）.

文部科学省（2007a）学校教育法等の一部を改正する法律の施行に伴う関係政令等の整備について（通知）（平成19年3月）.

文部科学省（2007b）学校教育法等の一部を改正する法律（平成19年4月）.

文部科学省（2008）特別支援教育資料（平成19年度）.

文部科学省（2009）特別支援教育の更なる充実に向けて（審議の中間まとめ）学校教育法施行令改正（平成19年4月1日施行）.

文部科学省（2017）小学校学習指導要領解説（特別の教科道徳編）第5章第2節.

文部科学省（2018）特別支援教育資料（平成29年度）.

[特集] 公認心理師のための法律入門──仕事に役立つ法と制度の必携知識

# 子ども・若者総合相談センター

## 数山和己 Kazuki Suyama
(特・非) NPOスチューデント・サポート・フェイス／佐賀県子ども・若者総合相談センター

## I 深刻化・複合化した問題に対処する

「息子の家庭内暴力に悩んでいます。このままだと，自分たちが殺されるか息子を私が殺すか。先日，弟が家庭内暴力を受けて緊急搬送され警察を呼んだのですが，帰った後に余計に暴れています。どうしたらいいでしょうか？」。

筆者が所属する認定NPO法人スチューデント・サポート・フェイス（以下，S.S.F.）が佐賀県から委託を受けて運営する佐賀県子ども・若者総合相談センター(以下,子若センター)に寄せられた，家庭内暴力に悩む母親からの切実な訴えである。図の上段は，この若者が最終的に正社員として働きだすまでに，利用したフォーマル／インフォーマルな支援制度や社会資源を図式化したものである。そして下段は，そのご家族が利用した同様の資源についてまとめている。高校の不登校問題に端を発し，社会から孤立し，ひきこもり状態に陥り，家庭内暴力にまで発展してしまった事例の背景には，暴力の世代間連鎖や貧困問題，非行問題，いじめ問題，虐待問題，介護問題など現代社会が抱える問題が垣間見られ，それらの問題が深刻化するだけでなく複合化することで，より解決が困難な状況が生まれていた。このように複数分野で

の深刻な困難を抱える事例に対応するためには，図で示したように，福祉・就労・介護などのさまざまな支援制度を活用し，本人のみならず家族など本人を取り巻く環境も含めて改善を試みなければ問題の解決を図れない。

この事例では，本人支援にあたって，地区の警察署と県警の「少年サポートセンター」が万が一に備えたバックアップおよび本人への指導を行い，ハローワークや若者サポートステーションによる就労支援，生活困窮者自立支援法に基づく生活自立支援センターによる家計相談や食糧支援を受けながら，社会復帰に向けてスモールステップで準備を進め，最終的に家庭内暴力などの問題行動が改善し正社員として自立した生活を送るようになった。

筆者は，子若センターの相談責任者として支援過程全般をコーディネートし，関係機関と協働しながらアウトリーチを実施し，就労支援や家庭内暴力に対する心理教育・家族との関係調整を実施しつつ過去の傷つき体験に関するケアを行い，自立に至るまでの過程を見届ける役割を担った。他方,家族支援においては,生活保護の担当課のケースワーカーおよび母親が入院治療を受けた際の医療機関のソーシャルワーカーと共に，家族の安全

特　集　公認心理師のための法律入門——仕事に役立つ法と制度の必携知識

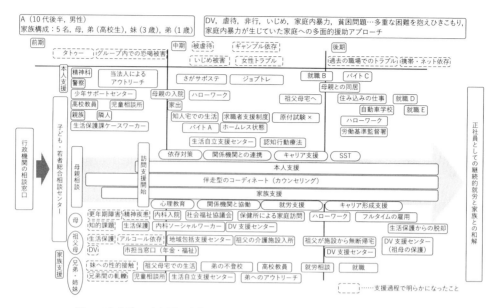

図　アウトリーチを用いたネットワーク活用型による多面的援助アプローチ

確保のために居住環境を整理し，家族間で生じているアルコールやDVの問題にDV支援センターや地域包括支援センターなどの関係機関に協力を仰ぎながら対応した。こうしたアプローチを継続することで，生活保護からの脱却，弟の学校復帰・就労など，家族もそれぞれ安心・安全が確保された社会生活を送ることが可能となった。

## II　子ども・若者育成支援推進法について

このような役割をなぜ，一NPO法人に所属する臨床心理士が果たすことができたのか，その仕組みに話を転じたい。まず，筆者が所属するS.S.F. について紹介する。S.S.F. は，2003（平成15）年に，不登校，ひきこもり，非行，ニートなど社会的孤立の問題を抱える子ども・若者の自立支援を目的に設立された。「どんな境遇の子ども・若者も見捨てない」というミッションの下，アウトリーチと重層的な支援ネットワークをバックボーンに「足りない支援・必要な支援は官民協働で作り出す」というコンセプトを掲げて支援活動に取り組みながら，さまざまな支援制度の立ち上げにも尽力してきた（松尾，2016）。

佐賀県では，2010（平成22）年に施行された「子ども・若者育成支援推進法（以下，子若法）」に基づき，社会生活を営むうえでの困難を有する子ども・若者に対する支援のために，「佐賀県子ども・若者育成支援地域協議会（子若法第19条）」を設置している。S.S.F. は子若法に基づき，法定協議会の総合相談窓口を果たす「県子ども・若者総合相談センター（子若法第13条）」の委託を受けるとともに，支援の全般について主導的な役割を果たす県内唯一の「指定支援機関（子若法22条）」の役割を担うなど，当該分野における中核機関として位置づけられている（谷口，2017）。子若法は，ニート・ひきこもりの若者の支援を明記し，その根拠法令となっているほか，支援手法としてアウトリーチを明記しており，従来型の公的支援の反省に基づき支援に結びつきにくい対象者へ支援を届ける法律という特徴がある（久保田，2009）。

佐賀県では子若法を活用し支援ネットワークを整備しつつ，「誰が」「どこまで」支援において責任を果たすのかを明確化している。それにより，従来型の公的支援が抱える，「来ることを待つ」支援の限界，助言・指導など間接的アプローチによる本人支援の限界，年齢や状態像によって支援窓口や制度が異なってしまう「縦割り」的支援の

限界を超え，子ども・若者を自立するまで見届ける体制の整備に努めている。

## III システム形成型アプローチ

　子若センターと同じフロアに，若者雇用促進法に基づき若年無業者の就労支援を実施する厚生労働省からの委託事業である「さが若者サポートステーション（以下，さがサポステ）」，生活困窮者自立支援法に則り生活困窮者支援を実施する「佐賀市生活自立支援センター（以下，市自立支援センター）」，ひきこもりに関する県域全体の相談窓口である「佐賀県ひきこもり地域支援センターさがすみらい（以下，さがすみらい）」を併設している。これらの相談機関は，国や県，市町村の委託事業であり，どの支援窓口による支援も原則的に無料で受けることができる。さがサポステは，15〜40歳までの若年無業者の就労支援の窓口として，キャリアコンサルタントや臨床心理士をはじめとした有資格者のスタッフが常駐している。支援メニューとして，キャリアカウンセリングや履歴書作成・面接練習，資格取得に向けたセミナーや協力事業所による職場見学・就労体験などの就労に向けた支援を実施している。市自立支援センターは，経済的自由などにより困窮した生活を送る佐賀市内の対象者に，生活改善や就労に向けた準備，困窮家庭に所属する子どもたちの学習支援などを実施する相談窓口である。さがすみらいは，8050問題に象徴されるひきこもりに関する相談窓口であり，特にアウトリーチ型の支援に力を入れている。

　このように，人員・予算・対象が限られる複数の窓口を1つのフロアに併設し，それぞれの支援窓口の限界を相互補完することで，県域全体で社会的孤立に関する問題の相談にあたることが可能となっている。

　心理臨床家として，来談する個々人の状況改善のためにさまざまな制度や法律の知識をもつ必要があることは言うまでもない。そのうえで，不足している支援体制を整えるために，支援システムを組み合わせたり，作り出したりする必要があるのではないだろうか。このように考えるのは，特に公的支援に，状態像や年齢段階などに応じて異なった制度による支援を受けなければならないという「縦割り」の問題が存在するからである。さがサポステで実施した利用者実態調査では，全体の約半数にあたる48.5%は，当該施設にたどりつく前に複数の支援者・支援機関が介入したにもかかわらず，状況の改善に至らなかったことが示されている。本稿冒頭に挙げた事例でも，子若センターが介入する前にさまざまな専門家および専門の支援機関が介入していたにもかかわらず，重篤な家庭内暴力の発生を防げなかった。支援を戦略的・継続的に展開できないために，一度相談につながったにもかかわらず状況が改善しないばかりか，さがサポステの同調査ではアウトリーチを実施した当事者の61.4%が相談や支援という言葉に不信感をもち拒絶する心理状態に陥っていることが示されている。自立までを責任をもって見届け，支援を必要とする方々に支援を十分に届けることができていない公的支援の限界を打破するためには，必要な支援体制を作り出していく，「システム形成型アプローチ」（田嶌，2008）の展開が必要である。支援が必要であるにもかかわらずその声を上げることができない方々に代わり，現状を把握している現場の支援員たちが，その重要性を広く社会に届ける必要を感じている。

▶ 文献

久保田崇（2009）ニート・引きこもり等の現状と子ども・若者育成支援推進法の制定．ジュリスト1388；2-3.

松尾秀樹（2016）心理的援助の展開—アウトリーチ．In：一般財団法人日本心理研修センター 編：臨床心理学 臨時増刊号「公認心理師」．金剛出版，pp.121-125.

田嶌誠一（2008）現実に介入しつつ，心に関わる—「内面探求型アプローチ」，「ネットワーク活用型アプローチ」，「システム形成型アプローチ」．コミュニティ心理学研究 12-1；1-22.

谷口仁史（2017）家族支援から当事者支援の結びつき—NPOスチューデント・サポート・フェイスにおける実践活動．In：日本臨床心理士会 監修：ひきこもりの心理支援．金剛出版，pp.73-112.

[特集] 公認心理師のための法律入門──仕事に役立つ法と制度の必携知識

# 児童福祉

## 早樫一男 Kazuo Hayakashi
京都大和の家

## I はじめに

　児童虐待が連日のように話題になっている。児童福祉分野における今日的なテーマとして，児童虐待に関する法律や制度（仕組み）の理解は不可欠である。本稿では，児童福祉全般を紹介するというより，児童虐待を中心とした児童福祉法（以下，法）や児童虐待防止法（以下，防止法）と心理職の関連が中心となる。今後も児童虐待が社会的な話題として大きく取り上げられるたびに，児童福祉に関する法律や制度は，刻々と変化を繰り返す可能性が大きい分野であるため，あくまでも，原稿執筆時点での状況であることをお断りしておきたい。

## II 児童福祉法で規定されている児童相談所や児童相談所の心理職

　児童虐待が話題になると，必ずと言って良いほど，児童相談所が登場する。児童相談所は法第12条において，「都道府県は児童相談所を設置しなければならない」とされており，都道府県に必置義務がある。所長の資格としての該当要件は第12条の3第2項に示されている。具体的には，「医師であって，精神保健に関して学識経験を有する

者」（1号），「学校教育法に基づく大学又は旧大学令（大正七年勅令第三百八十八号）に基づく大学において，心理学を専修する学科又はこれに相当する課程を修めて卒業した者」（2号）（強調筆者（以下同）），「社会福祉士」（3号）などが明記されている。一方で，「前各号に掲げる者と同等以上の能力を有すると認められる者であって，厚生労働省令で定めるもの」（5号）といった項目があり，専門職でない一般行政職が一定の割合で存在する。

　さらに，第12条では「判定をつかさどる所員の中には，第2項第1号に該当する者又はこれに準ずる資格を有する者及び同項第2号に該当する者〔上記圏点部分を指す〕又はこれに準ずる資格を有する者が，それぞれ一人以上含まれなければならない」とされている。

　児童相談所の運営に関しては，「児童相談所運営指針」（以下，運営指針）（厚生労働省子ども家庭局長，2018）が定められており，「判定をつかさどる所員」については「心理判定員」から「児童心理司」に呼称が変更された。さらに，2018（平成30）年7月の運営指針改正において，「これに準ずる資格を有する者」として，「公認心理師法に規定する公認心理師となる資格を有する者」な

どが明記された。児童心理司の主な業務内容としては、「(1) 子ども、保護者等の相談に応じ、診断面接、心理検査、観察等によって子ども、保護者等に対し心理診断を行うこと、(2) 子ども、保護者、関係者等に心理療法、カウンセリング、助言指導等の指導を行うこと」とされている。

児童相談所の心理職は法律で規定されているといった点が、他の分野における心理職とは異なる特徴である。児童相談所職員としての心理職は、都道府県市の職員（地方公務員）であり、地方公務員法第34条「秘密を守る義務」も負うことになる。

### III　児童福祉施設への心理職の配置

法第7条に定義されている児童福祉施設としては、乳児院（140カ所）、児童養護施設（605カ所）、児童心理治療施設（46カ所）、児童自立支援施設（58カ所）、母子生活支援施設（227カ所）などがある（いずれも2018（平成30）年3月末現在）。それぞれの施設には職員の配置基準（最低基準）が設定されており、さらに、心理療法担当職員の配置も義務化されるようになった。心理療法担当職員の要件は、「大学で心理学の課程を修めて卒業し、心理療法の技術を有するもの等」となっている。これらの施設で働く職員は、心理職としての守秘義務はもちろんであるが、常勤・非常勤を問わず、勤務先との契約に基づく守秘義務も負っている。

児童家庭支援センターも児童福祉施設のひとつであり、1997（平成9）年の児童福祉法改正によって新たに制度化された児童家庭福祉に関する地域相談機関である（全国約120カ所）。法第44条の2においては、相談・支援などの業務内容について定義されている。また、「全国児童家庭支援センター設置運営要綱」（厚生労働省児童家庭局長、2015）において、地域・家庭からの相談に応じる事業をはじめとした各種事業や職員の配置基準などが規定されている。ちなみに、職員配置は「相談・支援を担当する職員（2名）」「心理療法を担当する職員（1名）」となっている。さらに、職員の責務として、「その職務を遂行するに当たっては、個人の身上に関する秘密を守らなければならい」（法第44条の2第2項）とされている。

### IV　児童虐待の通告

たとえば、児童家庭支援センターの相談員が、通所している児童の身体に不自然な傷を発見した場合、通告について悩むことになる。保育士や教員、スクールカウンセラーなども、同じような場面に直面するかもしれない。

そもそも、国家公務員法や地方公務員法をはじめ、医師法、公認心理師法などにおいて、「守秘義務」が課せられている。ただし、「正当な理由」がある場合は免除される。正当な理由に該当するものとして、「子ども虐待対応の手引き」（以下、手引き）（厚生労働省雇用均等・児童家庭局総務課、2013）においては、「①他の法律で（提供すること）が定められている場合、②本人の承諾がある場合、③他人の正当な利益を保護することとの比較において秘密を提供する方が重要である場合」の3点が記されている。

医療関係者や公務員が職務上で知った虐待の事実を市区町村や児童相談所へ通告しても守秘義務違反にならないのは、①の理由（法25条の通告義務を果たすことになる）からである。上記の場合は、組織内で共有のうえ、通告することが適切な流れとなるだろう。

ちなみに、法25条（通告義務）には、「要保護児童を発見した者は、これを市町村、都道府県の設置する福祉事務所若しくは児童相談所又は児童委員を介して市町村、都道府県の設置する福祉事務所若しくはは児童相談所に通告しなければならない」と明記されている。この条文は「要保護児童発見者の通告義務」あるいは「全ての国民に課せられた通告義務」と言われている。また、第2項においては、「刑法の秘密漏示罪の規定その他の守秘義務に関する法律の規定は、前項の規定による通告をすることを妨げるものと解釈してはな

特　集　公認心理師のための法律入門——仕事に役立つ法と制度の必携知識

らない」として，通告者が躊躇しないように定めている。

同じような考えは防止法にも窺われる。防止法第6条1項において，「児童虐待を受けたと思われる児童を発見した者は，速やかに，これを市町村，都道府県の設置する福祉事務所若しくは児童相談所又は児童委員を介して市町村，都道府県の設置する福祉事務所若しくは児童相談所に通告しなければならない」とされ，「法第25条の規定による通告とみなす」こととされている（同条第2項）。さらに，この通告の際には「刑法134条の守秘義務違反には該当しない（要約）」と明記されている（同条第3項）。

同第7条において，「福祉事務所や児童相談所の職員などが通告をした者を特定させるものを漏らしてはならない（要約）」とされているが，「通告先が漏れることにより，通告が躊躇することがあってはならないとの趣旨から設けられたものである」（手引き）とされている。万が一，通告内容が間違っていても免責されたり，通告したものが特定されないように守られているとも言える。ちなみに，法における要保護児童の定義は，「保護者のない児童又は保護者に監護させることが不適当であると認められる児童」となっている。

なお，防止法第5条には，「児童虐待の早期発見等」として，「学校，児童福祉施設，病院その他児童の福祉に業務上関係のある団体及び学校の教職員，児童福祉施設の職員，医師，歯科医師，保健師，助産師，看護師，弁護士その他児童の福祉に職務上関係のある者は，児童虐待を発見しやすい立場にあることを自覚し，児童虐待の早期発見に努めなければならない」とされており，早期発見の努力義務が課せられていることにも留意しておきたい。

## V　要保護児童対策地域協議会

2004（平成16）年に改正された法の第25条の2において，要保護児童対策地域協議会（以下，要対協）が法的に位置づけられ，現在では，全国

ほぼすべての市町村に協議会が設置されている。要対協は，代表者会議（年数回開催），実務者会議（1～2カ月に1回程度開催），個別ケース会議（必要に応じて開催）で構成されていることが多い。児童虐待事例の場合，児童本人や家族への支援には関係機関の連携が不可欠となる。要対協を構成する関係機関としては，児童相談所，市町村，保健機関，学校・教育委員会，保育所・幼稚園，医療機関，警察などがあり，それらの機関が個人情報保護に関する懸念を抱くことなく情報の共有ができるよう，要保護児童に関する情報の交換を行う構成員に守秘義務が課せられている（法第25条の5）。

また，要対協が必要と認めるときは関係機関などに対して，資料や情報の提供などの必要な協力を求めることができることとされた（法第25条の3）。手引きにおいては，「医師や地方公務員等などについては，他の法令により守秘義務が課せられているが，保護を必要とする子どもの適切な保護を図るために，法に基づき情報を提供する場合には基本的にはこれらの法令による守秘義務に反することとはならないと考えられる」と解説されている。さらに手引きでは，「個人情報の保護に関する法律（2003年）では，本人同意によらない個人情報の取り扱いや情報提供は禁止しているが，法第25条の3に基づく協力要請に応じる場合は，この『法令に基づく場合』に該当するものであり，個人情報保護法にも違反することにならないものと考えられる」としている。

## VI　おわりに

紙幅の都合上，触れることができなかった話題として，親子分離に関わる法的対応（家庭裁判所による子どもの里親委託又は児童福祉施設等への入所の承認（法第28条の手続き：親権の一部停止））がある。

また，本稿では児童虐待に関わる守秘義務を中心に紹介したが，療育手帳所持者の障害程度に関する警察からの照会（捜査関係事項照会書）への

回答は，個人情報保護の観点からも慎重な対応が求められるということに留意されたい。

▶ 文献

厚生労働省子ども家庭局長 (2018) 児童相談所運営指針 (平成 30 年 7 月).

厚生労働省児童家庭局長 (2015) 全国児童家庭支援センター設置運営要綱 (平成 27 年 6 月).

厚生労働省雇用均等・児童家庭局総務課 (2013) 子ども虐待対応の手引き (平成 25 年 8 月).

[特集] 公認心理師のための法律入門──仕事に役立つ法と制度の必携知識

# 母子福祉

## 米田弘枝 Hiroe Yoneda
立正大学心理学部

## I　ひとり親家庭の現状

「ひとり親家庭」という言葉は，母子家庭，父子家庭の総称として近年使用されている用語である。「ひとり親家庭」は，経済的，社会的，精神的に不安定な状況に置かれがちであり，その家庭の児童の健全な育成のためにはさまざまな配慮が必要である。

「平成28年度全国ひとり親世帯等調査結果報告」（厚生労働省，2017）によると，ひとり親世帯になった理由は，母子世帯では，「死別」が8.0%「生別」が91.1%，父子世帯では，「死別」19.0%，「生別」80.0%となっており，離婚などの生別が圧倒的に多い。母子世帯の平均年間収入は348万円で，国民生活基礎調査による，児童のいる世帯の平均所得を100として比較すると49.2であり，子どもの貧困の問題とも深く関係している。母子福祉については，1964（昭和39）年，母子福祉対策を総合的に推進することを目的として，母子福祉法が制定された。その後，子が成人して残された母（寡婦）も保護の対象として「母子及び寡婦福祉法」と題名を変え，2002（平成14）年には，父子家庭も保護の対象とする改正が行われ，2014（平成26）年に「母子及び父子並びに寡婦福祉法」

となった。この法律で「母子家庭等」とは「母子家庭」と「父子家庭」をいい，「母子家庭等」において児童が心身ともに健やかに育成されるために必要な諸条件と，母子家庭の母と父子家庭の父の健康で文化的な生活の保障を目指す。配偶者のない女子（男子）とは，表1の通りである。

この法律では「児童」は20歳に満たない者と定義され，児童福祉法上の定義（18歳未満）と異なっている。また，「母子・父子自立支援員」「福祉事務所（社会福祉法）」「児童委員（児童福祉法）」「婦人相談員（売春防止法・DV法）」「児童家庭支援センター（児童福祉法）」「母子生活支援施設（児童福祉法）」「公共職業安定所」など関係機関が相互に協力しなければならないと定められている。

## II　母子家庭等の自立支援策

国は，2015（平成27）年に「母子家庭等及び寡婦の生活の安定と向上のための措置に関する基本的な方針」を策定し，①子育てと生活支援，②就業支援，③養育費確保支援，④経済的支援，という4つの柱で支援策が進められている。

表1　配偶者のない女子・男子

| 配偶者のない女子 | 配偶者のない男子 |
|---|---|
| ①離婚した女子であって現に婚姻をしていないもの<br>②配偶者の生死が明らかでない女子<br>③配偶者から遺棄されている女子<br>④配偶者が海外にあるためその扶養を受けることができない女子<br>⑤配偶者が精神又は身体の障害により長期にわたって労働能力を失っている女子<br>⑥①～⑤に掲げる者に準ずる女子であって政令で定めるもの | ①離婚した男子であって現に婚姻をしていないもの<br>②配偶者の生死が明らかでない男子<br>③配偶者から遺棄されている男子<br>④配偶者が海外にあるためその扶養を受けることができない男子<br>⑤配偶者が精神又は身体の障害により長期にわたって労働能力を失っている男子<br>⑥①～⑤に掲げる者に準ずる男子であって政令で定めるもの |

## 1　子育てと生活支援

母子家庭等が自立した生活を送るためには，安心して子育てと仕事を両立できる支援が重要である。子ども・子育て支援法に規定する特定教育・保育施設（保育所，認定こども園），または特定地域型保育事業（家庭的保育など），放課後児童健全育成事業などの利用について特別の配慮を行うこと，また，一時的な傷病などのため日常生活を営むのに支障がある場合，家庭生活支援員を派遣する，「母子家庭等日常生活支援事業」が実施されている。また児童福祉法に定める子育て短期支援事業のうち，家庭において子どもの養育が一時的に困難となった場合，児童養護施設などで短期間預かる短期入所生活援助（ショートステイ）事業や，夜間養護等（トワイライトステイ）事業がある。

## 2　就業支援

母子家庭などの経済的自立への支援は，①就業相談・就職支援，②職業能力開発，③雇用・就業機会の拡大，という3つに整理されている。

①就業相談・就職支援——公共職業安定所における職業紹介のほか，マザーズハローワークは，具体的な就職希望を有する子育て女性へのサービスの提供を行う。都道府県等では，講習会の実施や情報提供などを行う「母子家庭等就業・自立支援センター事業」が開始されている。相談・指導に当たる職員として，2014（平成26）年から「母子・父子自立支援員（母子及び父子並びに寡婦福祉法8条）：社会的信望があり，熱意と識見を持つ者から委嘱される」が置かれている。

②職業能力開発——従来から無料の職業訓練は行われているが，教育訓練講座修了時に受講料の一部が支給されたり，看護師，介護福祉士，保育士など，就職に有利な資格取得のために修業する場合に生活費の負担を軽減する「高等職業訓練促進給付金」が支給される。

③雇用・就業機会の拡大——公共施設の管理者は，売店などの設置の申請があったときは許可するように努めるほか，母子家庭の母等就職が特に困難な者を雇用した場合，雇用主に対し，特定求職者雇用開発助成金，職場適応訓練費が支給される。

## 3　養育費の確保

養育費は，離婚後に子どもと別居する親が分担する，子どもの生活費用である。養育費の取り決めをしている母子世帯は42.9％。離婚した父親からの養育費を「現在も受けている」割合は24.3％で，平均月額43,707円である。2007（平成19）年に「養育費相談支援センター」が創設され，相談支援にあたっている。2011（平成23）年の民法改正で，協議離婚の際に定めるべき事項として，養育費の分担などが明記された（民法766条）。

## 4　経済的支援

①児童扶養手当法——主として生別の母子世帯に対し，手当を支給し，その家庭の生活の安定を図ることにより，児童の福祉の増進に寄与することを目的として，1962（昭和37）年に施行された。

特　集　　公認心理師のための法律入門——仕事に役立つ法と制度の必携知識

表2　児童福祉法に基づく事業

| 事業 | 事業内容 |
|---|---|
| 放課後児童健全育成事業 | 小学校に就学している児童の保護者が労働等により昼間家庭にいないものに，授業終了後に適切な遊びおよび生活の場を与える |
| 子育て短期支援事業 | 保護者の疾病等により，家庭養育が一時的に困難になった児童に必要な保護を行う |
| 乳児家庭全戸訪問事業 | 全ての乳児のいる家庭を訪問し，子育てに関する情報の提供，乳児および保護者の心身の状況および養育環境の把握，相談に応じ，助言その他の援助を行う |
| 養育支援訪問事業 | 保護者の養育支援が特に必要な児童もしくは，支援が特に必要と認められる妊婦への支援 |
| 地域子育て支援拠点事業 | 乳児幼児保護者が相互の交流を行う場所を開設し，子育て相談情報の提供等の援助を行う |
| 一時預かり事業 | 家庭における保育を受けることが一時的に困難となった乳児幼児について保育所等において一時的に預かる |

その後改正を重ね，ひとり親世帯や，これに準じる世帯に対する生活保障の一助になっている。離婚による母子世帯などのほか実質的に母子世帯などと同様の状態にある世帯などが対象とされる。支給児童も18歳未満に引き上げられた。さらに難民条約への加入に伴い，受給者の国籍要件が撤廃された。

②母子父子寡婦福祉資金の貸付——現在は，事業開始資金，事業継続資金，修学資金，技能習得資金，修業資金，就職支度金，医療介護資金，生活資金，住宅資金，転宅資金，就学支度資金，結婚資金の12種類がある。

③その他——公営住宅入居への特別な配慮や死別のひとり親には，遺族年金制度があり，生活保護制度では，母子父子ともに加算がある。

**5　施設等による支援**

母子福祉などの関係施設としては，児童福祉法による母子生活支援施設と，母子及び父子並びに寡婦福祉法による母子・父子福祉センターと母子・父子休養ホームがある。母子生活支援施設は，母子家庭の母と子どもを入所させ，生活支援，就労支援や施設内保育の実施などを通じて，母子家庭の暮らしを支援する施設である。厚生労働省（2013）「児童養護施設入所児童等調査の結果」によると，母子生活支援施設の入所理由は，「夫の暴力」45.7％，「経済的理由」18.7％となっている。施設には母子支援員や少年指導員，心理療法担当

職員などが配置されている。

母子・父子福祉センターは各種相談に応じ生活の指導や生業の指導を行う施設であり，母子・父子休養ホームは，レクリエーションその他休養などのための便宜を供与する。

**III　母子保健法による支援**

母性並びに乳幼児の健康の保持増進を目的とし，保健指導，新生児に対する訪問指導，満1歳6か月児および満3歳の幼児への健康診査などを行うことが母子保健法で定められている。また，妊娠の届出に対しては母子健康手帳を交付し，低体重児（2,500グラム未満児）出生時は必要があれば訪問指導を行う。

**IV　配偶者からの暴力の防止及び被害者の保護等に関する法律による支援**

女性に対する暴力（ドメスティックバイオレンス＝DV）の防止および被害者の保護を図るために制定された。都道府県には「配偶者暴力相談支援センター」が設置されている。

「婦人相談員」が相談に応じるほか，心身の健康回復のために医学的・心理学的な指導などを行い，必要に応じて一時保護することができる。さらに，母子生活支援施設や婦人保護施設，民間シェルターに一時保護委託することもできる。DV被害により母子家庭になる場合も多く，幅広い支援が必要である。児童虐待の防止等に関する法律で

母子福祉 ✽ 米田弘枝　特　集

表 3　児童福祉法に基づく施設

| 児童福祉施設 | 内容 |
|---|---|
| 助産施設<br>（第 36 条） | 保健上必要があるにもかかわらず，経済的理由により，入院助産を受けることができない妊産婦を入院させて助産を受けさせる |
| 母子生活支援施<br>（第 38 条） | 配偶者のない女子またはこれに準じる事情にある女子およびその者の監護すべき児童を入所させて，保護，自立の促進のために生活を支援する |
| 保育所<br>（第 39 条） | 保育を必要とする乳児・幼児を日々保護者の下から通わせて保育を行うことを目的とする |
| 幼保連携型認定こども園<br>（第 39 条の 2） | 義務教育およびその後の教育の基礎を培うものとしての満 3 歳以上の幼児に対する教育および保育を必要とする乳児・幼児に対する保育を一体的に行う |
| 児童家庭支援センター | 地域の児童の福祉に関する各般の問題について専門的知識技術を必要とするものに応じ，助言援助を行う |

児童委員（第 16 条，17 条）：民生委員がこれに当たり，児童および妊産婦の状況を把握し，必要な保護や情報提供等の支援を行う。

は，児童が同居する家庭における配偶者に対する暴力は児童虐待と定義されており，児童相談所との連携は今後の課題である（表 2・3 参照）。

▶ 文献

厚生労働省（2013）児童養護施設入所児童等調査の結果（平成 25 年 2 月 1 日現在）（https://www.mhlw.go.jp/stf/houdou/0000071187.html［2019 年 2 月 28 日閲覧］）

厚生労働省（2017）平成 28 年度全国ひとり親世帯等調査結果報告（https://www.mhlw.go.jp/stf/seisakunitsuite/bunya/0000188147.html［2019 年 3 月 10 日閲覧］）

厚生労働統計協会（2018）厚生の指標増刊「国民の福祉と介護の動向」2018 ／ 2019 年．一般社団法人厚生労働統計協会．

社会福祉士養成講座編集委員会 編（2019）新・社会福祉士養成講座 15 児童や家庭に対する支援と児童・家庭福祉制度 第 7 版．中央法規出版．

特　集　公認心理師のための法律入門――仕事に役立つ法と制度の必携知識

[特集] 公認心理師のための法律入門――仕事に役立つ法と制度の必携知識

# 高齢者福祉

## 風間雅江 Masae Kazama
北翔大学

## I　はじめに

2019 年 5 月 1 日現在のギネス認定世界最高齢者で明治から令和まで 5 つの時代を生きる 116 歳の日本人女性は，90 歳で白内障，103 歳で大腸がんの手術を受けて病を克服し，目標は「120 歳まで生きる」こと，人生で一番楽しかった時代を「今」と言い，「やりたいことがいっぱい。力があるからね」と語る（北海道新聞，2019）。高齢期には，生理的機能，認知的機能，社会的機能などの低下が生じるが，その個人差は極めて大きい。心理職が高齢者への支援を行う際には，ステレオタイプの高齢者像を払拭して，長きにわたる時代を歩んできた一人ひとりの人生の歴史に思いをはせ，敬意をもって理解に努める姿勢が大切である。

健康長寿で充実感や幸福感をもって過ごす百寿者がいる一方で，人権が脅かされ，人間としての尊厳が大きく損なわれた状態で日々を送り，緊急の支援を要する高齢者がいる。介護老人保健施設や居宅サービス事業などの介護従事者や家庭における養護者による高齢者虐待の相談・通報件数と虐待判断件数は年々増加しており，その対応と予防は喫緊の課題である。心理職として対人援助を行う際に，生物－心理－社会モデルの観点に立ち，

対象者を多面的に理解し支援のあり方を考える必要がある。本稿では，社会環境的要因として，高齢者福祉に関連する法や制度，施策などについて，その一部を取り上げ，心理職としてどのように高齢者への支援に活かすかを考えたい。

## II　高齢者福祉をめぐる法律と制度の変遷

高齢者福祉をめぐる法律と制度は，1963 年老人福祉法施行，1983 年老人保健法施行，1989 年高齢者保健福祉推進 10 か年計画（ゴールドプラン）策定，1994 年 21 世紀福祉ビジョン策定，1995 年高齢社会対策基本法施行，2000 年介護保険法施行，2006 年高齢者虐待防止法施行，2012 年認知症施策推進 5 か年計画（オレンジプラン）策定，2015 年認知症施策推進総合戦略（新オレンジプラン）策定などを主軸として整備が進められてきた。2018 年には新しい高齢社会対策大綱が閣議決定され，高齢者の体力的年齢が若返り，就業・地域活動などへの意欲が高まっている実態に鑑みて，意欲ある高齢者の能力を発揮できるような社会環境整備と，支援を必要とする人々へのセーフティネットの整備の両面の重要性が指摘されている。

## III　介護保険制度と心理職

　介護保険制度は，介護保険法の施行以降，定期的に見直しがなされており，高齢者の生活を支える支援のなかで大きな役割を果たしている。加齢に伴って生ずる心身の変化に起因する疾病等により要介護状態となり，入浴，排せつ，食事等の介護，機能訓練ならびに看護および療養上の管理その他の医療を要する場合，その人の尊厳を保持し，能力に応じ自立した日常生活を営むことができるよう，必要な保健医療サービスおよび福祉サービスに係る給付を行うため，国民の共同連帯の理念に基づき介護保険制度を設け，保険給付等に関して必要な事項を定め，もって国民の保健医療の向上および福祉の増進を図ることを目的としている。要介護認定を受けて利用できるサービスには，居宅サービス，施設サービス，地域密着型サービスなどがあり，介護支援専門員（ケアマネージャー）がケアプランを作成する。

　現状では，心理職が常勤の勤務形態で配置されている高齢者福祉施設は多くないが，地域包括システムの推進において，今後，多職種連携のチームの一員として心理職が多面的な役割を担うことが期待される。ここでは介護施設で心理職が担う役割について，桑田（2019）の認知症事例への実践報告を通して考えたい。以下，桑田による事例報告の概要を述べる。事例は85歳女性，要介護2，夫と長女家族と同居，アルツハイマー型認知症の診断を受けており，年々物忘れが強くなり，昼夜逆転，表情変化が乏しくなり，家族とのけんかが頻発，夜間せん妄，徘徊などのBPSDが出現，家族の希望で介護施設での通所介護を利用。支援にあたり，新オレンジプランの「認知症の人ができる限り住み慣れた地域で自分らしく暮らし続ける」という基本的考えのもと，通所介護と在宅介護を通して支援を行う。介護保険制度のサービスを利用し，ケアマネージャーが作成したケアプランに則った支援がなされる。通所介護では，利用者本人には心理職による認知トレーニング，

家族は心理職が心理教育として行う介護家族向け教室に参加，在宅介護は，ケアマネージャーと心理職が月1回，自宅を訪問し，本人の生活行為の自立支援，家族には環境調整の助言を行った。介入の経過において，心理職が行なったMMSEやADASなどの認知機能評価において認知機能の維持・改善傾向が確認された。また，本人の笑顔や発言が増え，家族の介護負担度の軽減が認められた。さらに，心理アセスメントの結果をふまえた心理職の意見がケアマネージャーの作成するケアプランに反映されるなど，心理職の専門性が連携協働のなかで発揮され，介護保険制度によるサービスへの心理職の参入にあたり示唆に富む。

## IV　高齢者虐待を防ぐために

　高齢者虐待防止法では，高齢者虐待を，身体的虐待，介護・世話の放棄・放任（ネグレクト），心理的虐待，性的虐待，経済的虐待と定義し，高齢者が他者から不適切な扱いにより権利利益を侵害される状態や，生命・健康・生活が損なわれる状態に置かれることとして広くとらえている。法では，介護保険施設等では，利用者本人や他の利用者等の生命や身体を保護するために「緊急やむを得ない」場合を除いて，身体拘束その他の行動制限は原則禁止とされている。保健・医療・福祉関係者は高齢者虐待を発見しやすい立場にあることを自覚し，早期発見に努めることが求められ，虐待を受けたと思われる高齢者を発見した際は，生命・身体に重大な危険がある場合には市町村への通報義務があり，それ以外の場合，通報は努力義務とされている。養介護施設従事者等が自分で働く施設等で発見した場合は，重大な危険の有無にかかわらず通報義務があり，守秘義務に妨げられない。通報したことによる不利益な扱い（解雇，降格，減給など）は禁止と法で定められている。厚生労働省（2019）によれば，平成29（2017）年度の養介護施設従事者等による虐待は，市町村への相談・通報件数が1,898件，うち虐待と判断された件数は510件，家族・親族などの養護者に

特　集　公認心理師のための法律入門——仕事に役立つ法と制度の必携知識

よる虐待は，相談・通報件数が 30,040 件，うち虐待と判断された件数は 17,078 件であった。養介護施設従事者等による虐待の発生要因は，「教育・知識・介護技術等に関する問題」が 60.1％で最も多く，次いで「職員のストレスや感情コントロールの問題」が 26.4％であった。家族・親族による虐待の発生要因は，「虐待者の介護疲れ・介護ストレス」が 24.2％で最も多く，次いで「虐待者の障害・疾病」が 21.8％であった。

上記の調査で示された虐待件数は，施設よりも家庭における発生件数が圧倒的に多い。高齢者虐待は閉鎖的な場で生じることが多く，実際には確認された件数をさらに上回っている可能性がある。また，意図せずなされる不適切なケアを虐待とみなすか否か判断が難しい場合もある。心理職は，上記の調査における虐待の発生要因をふまえて，養介護従事者および介護家族を対象とした心理教育の多職種協働による展開や，個別の心理的支援を通して，高齢者虐待を防止するうえで貢献できる。

高齢者虐待防止法は，高齢者を養護する者の支援を施策の柱のひとつとしているが，高齢者の権利擁護が主眼であり，イギリスやオーストラリアのように，介護者支援そのものを目的とした法制度が確立した諸国と比べると，日本は介護者への公的支援の体制は不十分である（湯原，2017）。上述の桑田（2019）がケアマネージャーと共に対象者の自宅を定期的に訪問していたように，虐待の可能性がある家庭に心理職がアウトリーチの形で支援にあたるなどのアプローチが考えられる。施設における高齢者虐待の背景要因として，組織運営，チームアプローチ，ケアの質，従事者の負担，ストレス，組織風土，倫理観とコンプライアンスの問題などが指摘されている（認知症介護研究・仙台研修センター，2009）。心理職はこうした問題について，高齢者当事者と介護にあたる職員それぞれの目線に立ち，個人への支援を行うとともに，コミュニティへの支援を行う役割も担う。

## Ⅴ　法と制度を支援に活かす

村瀬（2018）は，「平素無事の日々を生きているとき，人は法の存在，さらに言えば法治国家では生存の基盤が法によって支えられ，かつ規定されて社会秩序が維持されていることをさほど意識しないが，一度何らかの行き暮れた状況に出会うと，その解決に法の存在と機能が大きな力を持って国民生活の安全を基底で支えていることに気付く」と述べている。心理職が自らの責務を全うし，人と社会に貢献するためには，法や制度の知識を念頭に置きつつ，対象者の過去の人生の歴史や現在の生活基盤の把握に努めながら，内面にわきおこる思いや感情を想像して，心を寄り添わせ，時に適切な判断をもって求められる対応を迅速に行うことが必要である。本稿でふれた法以外にも，医療介護総合確保推進法，成年後見制度利用促進法，高齢者雇用均等法，民生委員法など，高齢者支援に関連する法は数多い。心理職としてのマインドと専門性を基盤に，法についての学びを深めながら支援を続けていくなかで，法は人を支えるぬくもりをもち，人を守る力として活かされていくと思われる。

### ▶ 文献

北海道新聞（2019）ひと 2019．2019 年 5 月 1 日日刊．

厚生労働省（2019）平成 29 年度「高齢者虐待の防止，高齢者の養護者に対する支援等に関する法律」に基づく対応状況等に関する調査結果．

桑田直弥（2019）アルツハイマー型認知症の方への生活行為介入の一事例——通所介護と在宅介護をつなぐ地域臨床の実践．日本老年臨床心理学会第 1 回大会プログラム・要旨集，p.22．

村瀬嘉代子（2018）ジェネラリストとしての心理臨床家——クライエントと大切な事実をどう分かち合うか．金剛出版．

内閣府（2018）平成 30 年版高齢社会白書．日経印刷．

認知症介護研究・仙台研修センター（2009）施設・事業所における高齢者虐待防止学習テキスト．

湯原悦子（2017）介護殺人の予防——介護者支援の視点から．クレス出版．

[特集] 公認心理師のための法律入門——仕事に役立つ法と制度の必携知識

# 障害者福祉

松田裕次郎 Yujiro Matsuda
社会福祉法人グロー（GLOW）

## I　はじめに

　障害者福祉の実現とは，障害のある人も障害のない人も，地域の一員として，普通に暮らしていくことのできる社会を実現することだと考える。そのために，各種法制度を整備し，障害のある人たちに対する合理的配慮をすることが定められている。ここでは，障害者福祉に関する法制度を確認しながら，福祉サービスの利用について考えてみたい。

## II　障害者基本法について

　障害者基本法の第1条では，「全ての国民が，障害の有無にかかわらず，かけがえのない個人として尊重されるものであるとの理念にのっとり，全ての国民が，障害の有無によって分け隔てられることなく，相互に人格と個性を尊重し合いながら共生する社会を実現する」とある。また，第2条では，「身体・知的・精神・発達障害その他の心身の機能の障害があり，障害及び社会的障壁によって継続的に日常生活や社会生活に相当な制限を受ける状態にある人」と定義されている。また，「社会的障壁」とは，障害がある人にとって日常生活や社会生活を営む上で障壁となるような，社会における物事・制度・慣行・観念その他一切のものをいう。とある。さらに，同法第8条では，国民の責務として，国民は，共生社会の実現に寄与するよう努めなければならない旨を定めている。

　地域で生活していくときの生きづらさは，障害がある本人の問題だけではないことを法律でうたっている。また，共生社会の実現のため，国民一人ひとりの意識が変われば，障害のある人の生きづらさが少しずつ軽減されていくのではないだろうか。

## III　障害者総合支援法について

　障害のある人が障害福祉サービスを利用するうえでのルールをまとめた法律が「障害者の日常生活及び社会生活を総合的に支援するための法律（障害者総合支援法）」（2013（平成25）年施行）である。

　この法律により利用できる障害福祉サービスは，大きく2つある。「介護給付」「訓練等給付」などの自立支援給付と，市町村の判断でサービスを提供できる「地域生活支援事業」である。介護給付は障害支援区分で重度の障害と判断された支援の密度が濃い人を対象としている。また，訓練

特集　公認心理師のための法律入門——仕事に役立つ法と制度の必携知識

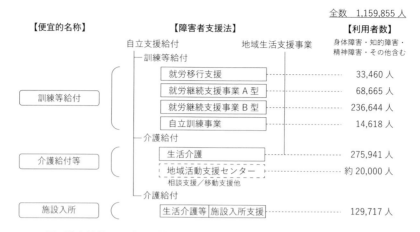

図　障害福祉サービスの利用状況（平成30年1月実績国保連データより）
（出典：厚生労働省HP（https://www.mhlw.go.jp/content/3101_01.pdf［2019年6月3日閲覧］））

等給付は，期間の定められた「自立訓練」「就労移行支援」と，「就労継続支援」などの期限の定めのないものがある。

これらの障害福祉サービスを利用している障害のある人たちは，全国でおよそ116万人（2018（平成30）年1月実績）である。利用状況を見ていくと，訓練等給付が全体のおよそ30％を占めている。その多くは就労継続B型事業などの就労系サービスである。そのうち就労移行支援のみ有期限（2年間・最長3年間）となっており，一定期間で就労に必要な知識や能力の向上に向けた訓練を行なうサービスである。それに対し，就労継続B型は，一般企業での就労が困難な人に対し，就労する機会を提供して，能力などの向上に向けた必要な訓練を行なうサービスである。

通所系障害福祉サービスで最も利用者数の多い就労継続支援B型の事業所は，全国におよそ11,400施設あり，236,000人が利用している。次に多い生活介護事業所は，9,970施設あり，129,000人が利用している。

障害福祉サービスを利用する場合，具体的にどのようなニーズがあり，どのようなサービスが提供されれば，より豊かに生活ができるかを考える役割を担うのが「相談支援」である。その相談支援に従事するのが，相談支援専門員で，サービス利用を希望する障害のある人に対し，サービス等利用計画を作成する。市区町村は障害福祉サービスの支給を決定する際に，サービス等利用計画案を参照することが定められ，サービス提供と相談支援は切り離せないものになっている。

障害児が利用する福祉サービスは，児童福祉法によって規定されている。同法に規定されているサービスには「介護給付」「訓練等給付」といった区別はなく，成人のサービス利用と同じく相談支援が位置づけられている。

## IV　サービス等利用計画について

サービス等利用計画は，障害のある本人や家族の希望・困りごとに対し，どのような支援があれば解決できるかを検討するところから始まる。計画を作成する相談支援専門員は，本人や家族のニーズあった障害福祉サービスを提案し，場合によっては施設見学の調整・同行などを実施する。本人や家族からサービスの利用を市区町村に申請すると，「サービス等利用計画作成依頼」が本人に送付される。それを持って相談支援事業所に行き，相談支援専門員と一緒にサービス等利用計画案を作成する。その後，諸手続きを経て，障害福祉サービスが利用できるようになるのである。

このサービス等利用計画には，本人や家族がど

のような生活を望んでいて，まわりの支援者はどのような役割を担うのかが書かれており，また，総合的な援助の方針が記載されている。その方針に沿った形で，本人の長期的な目標，短期的な目標も記載される。このサービス等利用計画に基づいて，障害福祉サービスの事業所が本人の個別支援計画を作成するという流れになっている。この計画を作成する相談支援専門員の責務は大きく，高い専門性をもつことが理想とされるが，現実的には相談支援事業所やそこで働く相談支援専門員の数が不足しているため，一部の相談支援事業所では，画一的な計画になっているところもある。この点は，制度的な課題であるともいえる。

## Ⅴ　成人の発達障害者と福祉サービス

　成人になってから発達障害と診断された人の多くは，障害福祉サービスとは無縁のまま生活をしてきた人が多い。そのため，障害福祉サービスの利用については抵抗感をもつことがしばしばある。そのため，相談に来る発達障害のある人に障害福祉サービスの利用を勧めるかどうかは，慎重に検討する必要がある。

　障害福祉サービスを利用する場合，サービス利用申請後に，市町村の調査員による認定調査があり，その後もサービス等利用計画の作成のための面談があるなど，所定の手続きを踏む必要がある。そのため，「自分は障害者として生きていかなければならないのか」と悩み，途中で福祉サービスを利用しないことを決断する人もいる。相談支援に携わる者として，その人にとって本当に障害福祉サービスが必要かどうかを見極め，また必要と判断した場合，どのように本人に話をし，ある程度納得したうえで福祉サービス利用につなげていくかを考えなければならない。

　私の関わったAさんは，25歳のときに発達障害と診断された。大学卒業後，就職をしたが人間関係のトラブルによりうつになり，2年後に離職をした。その後，職業訓練校や専門学校に通ったが上手くいかず，障害福祉サービスを利用するこ

ととなった。Aさんの場合，一般の就労支援機関などを利用してもなお就職ができずにいたため，福祉サービスを利用することとなった。本人は，「この利用は母親の勧めによるもので自分の意思ではない。他の障害のある利用者と自分は違う」と語っていた。この発言からもわかるように，障害福祉サービスを利用することに抵抗感をもっており，なかなか職員の指示に従うことができなかった。そのため，Aさんに対して，次の3つを伝えた。「ここは，自分の得意と苦手を確認する場であること」「障害福祉サービスは，就職するための手段であること」「今は必要だから障害者手帳を持っていると思うが，必要ではないと思ったら行政に返せばよいこと」。

　その後，Aさんが納得してこの障害福祉サービスを利用したかどうかはわからないが，徐々に職員の指示に従うことができるようになり，面談を実施しても自分のことを理解してもらいたいという発言が多くなった。最終的には，障害者雇用という形で一般就労ができるようになった。

　Aさんの場合，障害福祉サービスを利用することに抵抗感をもちながらも自分自身のなかで折り合いをつけ，就職のためにうまく利用できたのではないかと思われる。しかしながら，Aさんのようにいつもうまく行くとは限らず，途中でサービス利用を終了し，「もう福祉には頼らない」と言われる人もいる。

　支援の必要な人にどのようなサービスを提供すれば，その人らしい生活ができるかを，支援者は一緒に考えていくことが必要である。特に，知的に遅れのない発達障害のある人が福祉サービスの支援を効果的に利用できるようにすることは難しい。いかに支援者がサービスの必要性を理解し本人に届けられるか，肯定的に寄り添い支援を届けることができるか，福祉のサービスが，本人と支援者にとって時間と労力が無駄にならないような支援を組み立てる必要がある。ある意味，このような人に対する支援こそ，専門職としての腕の見せどころかもしれない。

特　集　　公認心理師のための法律入門——仕事に役立つ法と制度の必携知識

▶文献

牛谷正人，肥後祥治，福島龍三郎ほか（2018）行動障害の
　ある人の「暮らし」を支える 第3版―強度行動障害支
　援者養成研修［基礎研修・実践研修］テキスト．中央法

規出版．

滋賀県（2018）相談支援従事者初任者研修「障害者総合支
　援法等の概要」障害福祉サービス等の体系①．

**告 知** …… **ACTA 第 11 回秋のワークショップ**

①サーストン―クラドック恥のテスト（TCTS）の施行，スコアリング，解釈について

　講師：スティーブン・E・フィン，中村紀子，ACTA メンバー

　恥をアセスメントするために役に立つ新しい投映法テスト TCTS について，スティーブン・E・フィンが施行，
　スコアリング，解釈について解説をする 1 日間の集中ワークショップです。

②治療的アセスメントでエピデミックトラストを回復する

　講師：スティーブン・E・フィン，中村紀子，ACTA メンバー

　このワークショップではスティーブン・E・フィンが，進化心理学の 2 つの新しい概念，エピステミックトラ
　ストとエピステミックハイパービジランスの理論について説明します。

日時：① 2019 年 11 月 2 日（土）10：00 〜 18：00

　　　② 2019 年 11 月 3 日（日）10：00 〜 18：00 ／ 11 月 4 日（月・祝）9：30 〜 16：30

会場：浅草橋ヒューリックカンファレンス

　　　（東京都台東区浅草橋 1-22-16 ヒューリック浅草橋ビル／ JR 総武線浅草橋駅西口より徒歩 1 分）

料金（早割）：①一般 22,000 円（20,000 円）／大学院生 11,000 円（10,000 円）

　　　　　　②一般 41,000 円（38,000 円）／大学院生 20,000 円（18,000 円）

　　　　　　①＋②一般 55,000 円（51,000 円）／大学院生 28,000 円（25,000 円）

対象者：カウンセリング・心理療法を行っている専門家であればどなたでも参加できます。「大学院生」は守秘
　義務を遵守できる心理アセスメントを学んでいる大学院生を指します。

申込締切：早割 2019 年 9 月 27 日（金）／通常 2019 年 10 月 18 日（金）

申込方法：ホームページ（https://www.asiancta.com/）をご確認のうえ，事務局へメール（asiancta@gmail.
　com）でお申込ください。

連絡先：Asian-Pacific Center for Therapeutic Assessment（ACTA）事務局

　　　　HP：https://www.asiancta.com/　Email：asiancta@gmail.com

　　　　〒 113-0033 東京都文京区本郷 4-12-16-618

[特集] 公認心理師のための法律入門——仕事に役立つ法と制度の必携知識

# 企業内産業保健（1）

メンタルヘルス

## 大塚泰正 Yasumasa Otsuka

筑波大学

## I 労働安全衛生法

　企業内でメンタルヘルス対策を行う根拠となる法律は，労働安全衛生法である。労働安全衛生法は，「労働災害の防止のための危害防止基準の確立，責任体制の明確化及び自主的活動の促進の措置を講ずる等その防止に関する総合的計画的な対策を推進することにより職場における労働者の安全と健康を確保するとともに，快適な職場環境の形成を促進することを目的」（第1条）として制定されたものである。さらに，第3条では，「事業者は，単にこの法律で定める労働災害の防止のための最低基準を守るだけでなく，快適な職場環境の実現と労働条件の改善を通じて職場における労働者の安全と健康を確保するようにしなければならない」と記されている。これは，労働安全衛生法が，古くは労働条件に関する最低基準を示した労働基準法の一部であったことの表れでもある。

　労働安全衛生法において，メンタルヘルス対策に特に関係の深い条文は，衛生委員会（第18条），安全衛生委員会（第19条），面接指導等（第66条の8および9），心理的な負担の程度を把握するための検査等（第66条の10），健康の保持増進のための指針の公表等（第70条の2）などで

ある。職場のメンタルヘルス対策は産業保健（労働衛生）に関するさまざまな対策のうちのひとつである。第18・19条に関して，常時50人以上の労働者を使用する事業場では，衛生委員会または安全衛生委員会を設置することが義務付けられている。これらの委員会では，労働者の健康障害を防止するための対策，労働者の健康の保持増進を図るための対策，労働災害の原因や再発防止対策，その他労働者の健康障害の防止および健康の保持増進に関する重要事項などが定期的に調査審議されている。衛生委員会の委員は，事業場の代表者が務める総括安全衛生管理者，衛生管理者，産業医，その他事業者が指定した者（多くは労働者側の代表者）で構成することとされている。公認心理師などの心理職に衛生委員会や安全衛生委員会に出席する義務はないが，場合によっては産業医などを通じて間接的に衛生委員会と関わることもあるだろう。なお，面接指導等（第66条の8および9）は長時間労働者への面接指導，心理的な負担の程度を把握するための検査等（第66条の10）はストレスチェック，健康の保持増進のための指針の公表等（第70条の2）は労働者の心の健康の保持増進のための指針に関するものである。

## II 労働者の心の健康の保持増進のための指針

厚生労働省（2006）は，労働安全衛生法第70条の2（健康の保持増進のための指針の公表等）に基づき，同法第69条第1項（「事業者は，労働者に対する健康教育及び健康相談その他労働者の健康の保持増進を図るため必要な措置を継続的かつ計画的に講ずるように努めなければならない」）に関連する指針として，「労働者の心の健康の保持増進のための指針」を公表している。本指針は，メンタルヘルス指針とも呼ばれ，事業者が労働者のメンタルヘルスケアを適切かつ有効に実施するための原則的な方法を定めたものとなっている。

本指針では，職場におけるメンタルヘルスケアを，労働者自身が自分の健康を保持増進するために行う「セルフケア」，管理監督者が部下の健康を管理する「ラインによるケア」，産業医や心理職などがセルフケアやラインによるケアが効果的に行えるよう支援する「事業場内産業保健スタッフ等によるケア」，事業場外の職場復帰を支援するリワーク機関などで実施される「事業場外資源によるケア」の4つに分け，これらを継続的かつ計画的に実施することを事業者に求めている。多くの企業では，衛生委員会や安全衛生委員会を活用して，事業場におけるメンタルヘルス対策の具体的な内容やその効果などについて定期的に調査審議されている。

現時点において，公認心理師という名称は本指針上には認められていないが，心理職は，事業場内産業保健スタッフ等または事業場外資源に所属するスタッフとして，職場のメンタルヘルスケアに参画することが多いと思われる。たとえば，企業内に勤務する心理職は，事業場内産業保健スタッフ等に含まれる「心の健康づくり専門スタッフ」の一員と位置付けることができる。本指針によれば，「心の健康づくり専門スタッフ」の役割は，「産業医や保健師といった事業場内産業保健スタッフと協力しながら，教育研修の企画・実施，職場環境等の評価と改善，労働者及び管理監督者からの専門的な相談対応等に当たる」こととされている。また，「心の健康づくり専門スタッフの専門によっては，事業者への専門的立場からの助言等を行うことも有効である」とも述べられている。一方，リワーク機関やEAP（Employee Assistance Program の略。日本においては主に外部から職場のメンタルヘルスケアを総合的に支援する組織を指す）などに所属する心理職は，事業場外資源として職場のメンタルヘルスケアを外部から支援する役割を果たしている。このような事業場外資源と職場が連携を取る場合は，たとえば，労働者がうつ病などで休職したとき，ストレスチェックを実施したとき，メンタルヘルスに関する研修を依頼したときなど多岐にわたる。所属する機関や求められる役割にもよるが，事業場外資源として位置付けられている心理職には，個人のカウンセリングだけでなく，リワークプログラムのコーディネート，各種研修の講師，ストレスチェック結果の解析と個人や組織へのフィードバック，職場環境改善など，多様な役割が求められている。

## III ストレスチェック

2014年の労働安全衛生法の改正により，常時50人以上の労働者を使用する事業場では，心理的な負担の程度を把握するための検査等（第66条の10）を年1回実施することが義務化された。ストレスチェックの実施については労働安全衛生法に規定されていることから，この取り組みの主な目的も，労働者の安全と健康を守り，快適な職場環境を形成することにあるといえる。

ストレスチェックの具体的な実施方法については，「労働安全衛生法に基づくストレスチェック制度実施マニュアル」（厚生労働省，2016）に詳しく述べられているが，大まかに言うと図の流れに沿って実施されるものである。図の左側は個人向けのルートであり，ストレスチェックの結果を個人にフィードバックし，必要なセルフケアを労働者自身に実施してもらうことを主な目的として

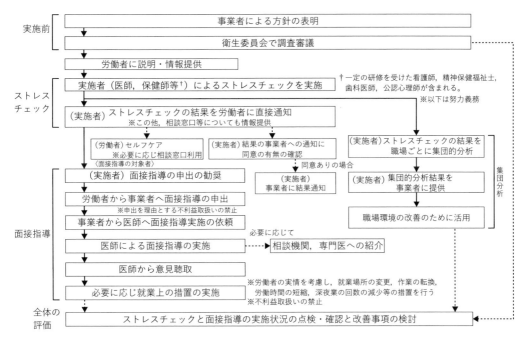

図　ストレスチェック実施手順（厚生労働省（2015）を一部改変）

いる。なお，ストレス反応が一定以上の値を示すなどした労働者には「高ストレス者」という判定結果が示される。高ストレス者と判定された者は，希望により医師（主に職場の産業医）による面接指導を受けることができる。事業者は，面接指導の結果について担当した医師より情報を収集し，必要に応じて就業場所の変更，作業の転換，労働時間の短縮，深夜業回数の減少などの措置を講じなければならないとされている。

一方，右側は組織向けのルートである。ストレスチェックの結果を部署など一定程度の集団ごとに分析し，結果をその職場にフィードバックし，職場環境の改善のために役立ててもらう。ただし，現時点では，右側の組織向けのルートは努力義務に留まっている。しかし，職場環境そのものを改善することができれば，そこで働く多くの人々の健康にとって有益な効果がもたらされる可能性が高いため，筆者はできるだけ組織向けのルートも継続的に実施していくことを推奨したい。心理職が組織向けのルートで十分な役割を果たすためには，データ解析スキルだけではなく，解析結果をわかりやすく説明するプレゼンテーションスキルや，説得や動機づけなどにより集団を動かすコミュニケーションスキル，職場環境改善などで実施されるグループディスカッションを活性化させるファシリテーションスキルなどが必要であるといえる。

▶謝辞

本研究は JPSP 科研費 17H02640 の助成を受けたものである。

▶文献

厚生労働省（2006）労働者の心の健康の保持増進のための指針（https://www.mhlw.go.jp/houdou/2006/03/dl/h0331-1b.pdf［2019 年 3 月 6 日閲覧］）

厚生労働省（2015）改正労働安全衛生法に基づくストレスチェック制度について（https://www.mhlw.go.jp/bunya/roudoukijun/anzeneisei12/pdf/150422-1.pdf［2019 年 3 月 6 日閲覧］）

厚生労働省（2016）労働安全衛生法に基づくストレスチェック制度実施マニュアル（https://www.mhlw.go.jp/bunya/roudoukijun/anzeneisei12/pdf/150507-1.pdf［2019 年 3 月 6 日閲覧］）

特　集　公認心理師のための法律入門──仕事に役立つ法と制度の必携知識

🗨 [特集] 公認心理師のための法律入門──仕事に役立つ法と制度の必携知識

# 企業内産業保健（2）
人事労務

## 平松利麻 Rima Hiramatsu
トラヴェシア社会保険労務士事務所／慶應義塾大学 SFC 研究所

## I　はじめに

　公認心理師が企業内産業保健スタッフとして活躍していくためには，労働関係の諸法令についての知識が不可欠である。なかでも，労働刑法と位置づけられる労働基準法および労働安全衛生法についての知識は，社員の健康の保持・増進にかかる最優先事項と言っても良いであろう。また，2018 年 7 月に公布され，順次施行が開始されている働き方改革関連法は，企業にとって自社の人材確保定着と生産性向上に向けた働き方改革の根幹をなすものであり，人事労務部門における改正事項の対応にとどまらず，重要な経営戦略のひとつとして，さまざまな角度から全社包括的な取り組みを行うことが求められている。

　よって本稿では，労働関係諸法令のうち，社員の健康の保持・増進を大きく左右する労働時間について，法改正内容を中心に解説する。

## II　労働時間上限規制

### 1　36 協定の法的効果
　労働基準法第 32 条第 1 項は労働時間の上限として，1 日について 8 時間，1 週について 40 時間と定めている。この時間を「法定労働時間」と呼

ぶ。法定労働時間を 1 分でも超えて働かせることは違法であり，罰則の対象となるが（労働基準法第 119 条第 1 号），あらかじめ労働者の過半数加入組合または過半数代表者との間で労使協定を締結し，所轄の労働基準監督署長に届け出ておけば，例外的に法定労働時間を超えて労働させても罰せられることはない（免罰効果）。労働基準法第 36 条により規定されていることから，当該協定は一般に 36（サブロク）協定と呼ばれている。36 協定の締結・届け出については，その手続きも含めて，近年，労働基準監督署の調査においても特に重要視されており，厳正な指導が行われている。

### 2　時間外労働の上限規制
　働き方改革関連法改正におけるもっとも重要なトピックスとして，「長時間労働の是正」が挙げられる。これは，過重労働による健康障害の防止を主たる目的とするとともに，労働力を確保するため，男性の育児参加や女性の活躍推進，ワークライフバランス実現を図るものである。

　具体的には，時間外労働の上限として，従来，大臣告示にとどまっていた「月 45 時間・年 360 時間」という限度基準を労働基準法に明記した。これにより，法改正後は限度基準を超える 36 協

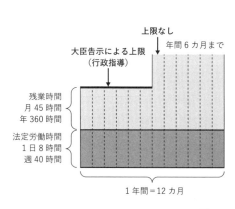
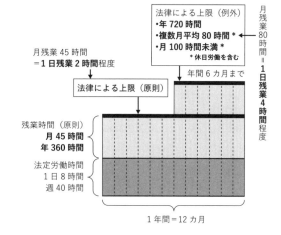

図1　36協定上限規制の概要
（出典：厚生労働省「働き方改革――一億総活躍社会の実現に向けて」リーフレットより抜粋）

定を締結したり，限度基準を超える時間外労働をさせた場合，直ちに法違反となり罰則が科される。また，限度基準を超える臨時的な労働をさせるためには36協定に特別条項をおくことになるが，その場合であっても，1年では720時間，単月では100時間未満（休日労働を含む），2～6カ月平均で80時間以内（休日労働を含む）と定められた（改正労働基準法36条）。法改正の内容は図1のようになる。改正法の施行時期は企業規模によって異なり，大企業が2019年4月から，中小企業は2020年4月からとなっている。

### 3　労働時間上限規制における労働時間把握

今回の改正により，企業には労働者の労働時間を正確に把握することが求められるが，その際に注意すべきポイントとして，2種類の時間をカウントする必要が生じることが挙げられる。具体的には，改正法の上限時間の原則である月45時間，年360時間，例外となる特別条項締結時の上限である年720時間については，単純に時間外労働のみの時間となるが，特別条項締結時の月の上限である100時間および80時間については，時間外労働だけでなく休日労働時間も含まれるからである。これら2種類の時間が同時に上限として設定されている理由は，100時間および80時間という時間が，過重労働による脳・心臓疾患およびメンタルヘルス不調の労災認定基準に由来するためである。労災については，時間外労働であっても休日労働であっても，労働時間が心身の健康に及ぼす影響は同じであることから，時間外労働と休日労働を合算して認定可否を判断している。よって，今回の改正における1カ月の労働時間の上限については，単に賃金支払いのためではなく，健康障害防止の観点から労災認定基準の時間数と算定方法が採用された。

なお，工作物の建設事業，自動車の運転業務関係，医療に従事する医師，厚労省労働基準局長が指定する業務（鹿児島県・沖縄県における砂糖事業）については，限度基準の適用が除外されたり，一定期間適用が猶予される。

### 4　健康確保措置と勤務間インターバル制度

法改正後の36協定締結において特別条項を設ける場合，企業は特別条項対象者に対し健康確保

✓ 特別条項締結する場合，健康確保措置の実施および記録の保存が義務化される。

> **指針**：労使当事者は，限度時間を越えて労働する労働者に対する健康確保措置について，次に掲げるもののうちから協定することが望ましいことに留意しなければならないこととする。
> ①労働時間が一定時間を越えた労働者に医師による面接指導を実施すること。
> ②法第37条第4項に規定する時刻の間において労働させる回数を1箇月について一定回数以内とすること。
> ③**終業から始業までに一定時間以上の継続した休息時間を確保**すること。
> ④労働者の勤務状況及びその健康状態に応じて，代償休日又は特別な休暇を付与すること。
> ⑤労働者の勤務状況及びその健康状態に応じて，健康診断を実施すること。
> ⑥年次有給休暇についてまとまった日数連続して取得することを含めてその取得を促進すること。
> ⑦心とからだの健康問題についての相談窓口を設置すること。
> ⑧労働者の勤務状況及びその健康状態に配慮し，必要な場合には適切な部署に配置転換すること。
> ⑨必要に応じて，産業医等による助言・指導を受け，又は労働者に産業医等による保健指導を受けさせること。

図2　特別条項締結時に義務づけられる健康確保措置
(出典：労働基準法第三十六条第一項の協定で定める労働時間の延長及び休日の労働について留意すべき事項等に関する指針)

措置を実施し，記録の保存を行うことが求められる。具体的には，図2に挙げた①から⑨の項目のうちから1つ以上を選択し，36協定届に記載することが必要となる。

なかでも注目されるのは③の措置であり，一般に「勤務間インターバル」と呼ばれる制度を指している。「勤務間インターバル」とは，終業時刻から翌日の始業時刻までの間，一定の時間を空ける制度をいう。たとえば，11時間のインターバルが設定されている職場において，ある日の24時まで残業した場合，翌日の始業時間は11時以降となる（図3）。

同制度の導入により，毎日一定の睡眠時間を確保することで，長時間労働による心身の負荷をその日のうちに解消でき，過重労働による健康障害防止に効果があるとされている。EUではEU労働時間指令に基づき24時間につき最低連続11時間のインターバルが義務づけられている。わが国でも，すでにトラック・バス・タクシーなどの自動車運転手に対し，「自動車運転者の労働時間等の改善のための基準」（平成元年2月9日労働省告示第七号）により8時間以上の勤務間インターバルが義務づけられていた。さらに，これを他業種にも広げるため，今回の働き方改革関連法において，労働時間等の設定の改善に関する特別措置法第2条によって努力義務化されたことから，今後，各企業において導入が急速に進むものと見込まれる。企業内産業保健に従事する公認心理師が，

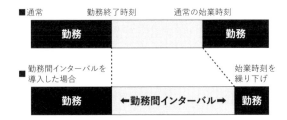

図3　勤務間インターバル制度
(出典：厚生労働省「勤務間インターバル」より引用（https://www.mhlw.go.jp/seisakunitsuite/bunya/koyou_roudou/roudoukijun/jikan/interval/interval.html）)

社員の健康を守るうえで人事労務部門に対し同制度の導入を提案することも効果的であろう。

## III　労働時間の適正な把握

### 1　労働時間適正把握ガイドライン

働き方改革関連法が目指す長時間労働是正のためには，労働時間を適正に把握することが不可欠である。そのため厚生労働省は，働き方改革関連法の制定に先駆け，2017年1月20日に「労働時間の適正な把握のために使用者が講ずべき措置に関するガイドライン」を策定・発出している。

2019年度の労働基準監督署等の行政施策について定めた「地方労働行政運営方針」においても，労働基準担当部署の重点施策として，同ガイドラインを周知徹底し，監督指導において同ガイドラインに基づき労働時間管理が行われているかを確認するとともに，重大・悪質な事案に対しては，司法処分を含め厳正に対処するとしており，同ガ

イドラインが監督指導における具体的な根拠とされていることが読み取れる。

## 2 労働時間の定義

労働時間適正把握ガイドラインにおいて公認心理師がおさえておくべき重要なトピックスのひとつとして，はじめて労働時間の定義が明文化された点が挙げられる。具体的には，判例に従い「労働時間とは，使用者の指揮命令下に置かれている時間のことをいい，使用者の明示又は黙示の指示により労働者が業務に従事する時間は労働時間に当たる」としている。ガイドラインでは，さらに次の3つを具体例に挙げて，いずれも労働時間に該当するとした。

ア　使用者の指示により，就業を命じられた業務に必要な準備行為（着用を義務付けられた所定の服装への着替え等）や業務終了後の業務に関連した後始末（清掃等）を事業場内において行った時間

イ　使用者の指示があった場合には即時に業務に従事することを求められており，労働から離れることが保障されていない状態で待機等している時間（いわゆる「手待時間」）

ウ　参加することが業務上義務づけられている研修・教育訓練の受講や，使用者の指示により業務に必要な学習等を行っていた時間

## 3 具体的な労働時間の確認・記録の方法

ガイドラインでは「始業・終業時刻の確認及び記録」として，「使用者は，労働時間を適正に把握するため，労働者の労働日ごとの始業・終業時刻を確認し，これを記録すること」としている。よって，出勤簿に労働者が印鑑を捺すだけでは足りず，日々の始業・終業時刻を確認し，記録することが求められる。

始業・終業時刻の確認および記録の方法としては，原則として2種類の方法に限定される。ひとつは「使用者が，自ら現認することにより確認し，適正に記録する」方法である。ただし，多数の労働者がいる職場においては，社員の出勤を社長自

ら確認して記録することは不可能である。そこでもうひとつの方法として「タイムカード，ICカード，パソコンの使用時間の記録等の客観的な記録を基礎として確認し，適正に記録する」という手段が挙げられている。なお，多くの企業で行われている自己申告制については，あくまでも原則的な方法で，労働時間の把握ができない場合にのみ取りうる例外手段として非常に厳しい要件と共に認められるものであることに注意が必要である。

また，労働安全衛生法の改正により，2019年4月1日から，管理監督者についても衛生面から労働時間把握が義務化された。これにより，企業のなかで労働時間把握を行わなくて良いのは，代表取締役や監査役など専任の役員のみとなったことに留意したい。

## IV おわりに

以上，公認心理師が企業内産業保健スタッフとして活躍するために求められる労働関係諸法令の知識のうち，社員の健康保持・増進に大きく左右する労働時間について，昨年公布された法改正内容を中心に解説した。労働基準法が戦後制定されてからはじめてと言える大規模かつ重要な改正であり，法改正に対応するためには，潤沢な時間と労働力を投じていた従来の働き方を見直し，限られた時間や労働力を駆使して生産性を上げるなどの働き方改革を行うべき時が来たと言えよう。このように労働環境が大きく変化を遂げるなか，企業内産業保健スタッフである公認心理師が果たす役割は大きい。今後も定期的に実施される法改正の最新情報を取得し，社員がいきいきと幸せに働ける職場づくりについて，その専門性をいかんなく発揮し，邁進していただきたいと思う。

### ▶文献

神田孝，平松利麻ほか（2018）事例でわかる外食・小売業の労務戦略．第一法規．

神田孝，平松利麻（2019）食品小売業のための「働き方改革関連法改正対策」実践ゼミ．食品商業 48-2；52-56．

特　集　公認心理師のための法律入門──仕事に役立つ法と制度の必携知識

[特集] 公認心理師のための法律入門──仕事に役立つ法と制度の必携知識

# 企業内産業保健（3）
ハラスメント

## 涌井美和子 Miwako Wakui
合同会社オフィスプリズム／公認心理師／社会保険労務士

## I　はじめに

　産業組織内の保健領域で最近，関心が高くなっているテーマのひとつにハラスメントの問題がある。

　ハラスメント問題は，企業評価や業務パフォーマンスへの影響および訴訟リスクだけでなく，心の健康にも大きな影響を与えるため，産業組織領域で働く公認心理師にとっても避けて通れない重要なテーマであると言えるだろう。

　なかでも職場の対策が求められているハラスメント問題として，主に次の3つが挙げられる。すなわち，セクシュアル・ハラスメント，マタニティ・ハラスメント，パワー・ハラスメントである。

　セクシュアル・ハラスメントは，1997年の男女雇用機会均等法改正を契機に，企業に対して具体的な対策が求められるようになった。マタニティ・ハラスメントは，同じく2017年の男女雇用機会均等法改正において該当の規定が盛り込まれた。パワー・ハラスメントについては，2012年から厚生労働省によって基本的な定義とガイドラインが示されてきた。その後，2018年に政府が出した働き方改革案のなかで具体的な方向性が示され，2019年3月8日にパワハラ防止措置を企業に義務づける法案が閣議決定されている。なお，2019年5月29日には企業のパワハラ防止策を義務づける労働施策総合推進法の改正案が参院本会議で可決，成立した。また，上記の法律やガイドラインなどのほかに，労働契約法に規定されている企業の安全配慮義務なども根拠のひとつになっている。

　加えて，労災認定基準についてもハラスメント問題を考慮した見直しが行われている。たとえば，2009年にはパワー・ハラスメントに関連する判断項目が取り入れられるようになったり，2012年にはセクシュアル・ハラスメントによって精神障害を発症した場合の労災認定基準がより明確になるなどの変更が行われている。

　しかし，上記のようにさまざまな形で法整備や対策が進みつつある一方で，実際の現場においては明確な線引きが困難であるため，ケース・バイ・ケースの対応が迫られることが多い。また，被害を訴える側は一日も早い問題解決を希望するものの，行為者には行為者側の言い分があったり，人事部門もすぐには異動先が見つけられないため早急な対応が取れないなど，被害者のサポートそれ自体より，各関係者の意向をまとめるほうに時間とエネルギーを割かれることも多い。

そのため，産業・組織領域で働く公認心理師は，被害者の心理面の支援はもとより，働けない間の生活をどのように維持するか，法律ではどのように保障されているかなど，人事労務分野の基本的な知識をおさえておく必要がある。また，ケースによっては被害者と各関係者の間に立たされることもあるため，どちらにも寄り過ぎないバランス感覚と調整能力が求められる。

特に，ハラスメント問題は感情的なもつれや組織要因が背景にあることも多いため，ハラスメント関連の法律やガイドライン・労働分野の法律に関する知識，および被害者の心理状態に関する専門知識に加えて，個々の組織に関する理解がどうしても必要になってくる。

## II　事例

次に，実際例をもとにした架空のケースを通して，具体的な業務のイメージを共有したい。

ある地方の製造業に勤める50代のベテラン社員であるA氏は，部下を育てたい一心で厳しい指導を繰り返した結果，パワハラ問題に発展した。部下の一人である20代男性B氏は，経験も浅く器用なタイプでもなかったため，A氏から厳しい叱責を受けることが重なり，半年余で会社を休みがちになってしまった。

外部カウンセラーとして週2日の契約で定期的に企業を訪問していた公認心理師のC氏は，人事担当者の依頼でB氏と面談することになった。A氏の厳しい指導についていけない自分を責め，眠れない日が続き食欲が落ちているとB氏は言う。専門医の受診を勧め，地域の医療機関に関する情報提供を行った。あわせて休職中の社会保険給付に関する情報を提供し，生活不安を和らげる援助を進めていった。本人の了解を得た範囲の内容を人事担当者に報告する旨伝えるが，A氏の耳に入ることを心配するB氏は首を縦に振らず，「ここだけの話にしておいてほしい」と希望した。そこで，A氏の厳しい指導に悩む可能性があるのはB氏だけではないことを伝え，A氏の耳に入らないようにするにはどうしたらよいか一緒に方策を練ることにした。B氏の心配の理由を丁寧に聴き，解決策を擦り合わせたうえで，本人の了解を得た範囲の内容を人事担当者に報告する。人事異動の必要性や本人の心理状態について，専門家の立場から意見を述べた。

一方，人事担当者も以前からA氏への対応について頭を悩ませていた。A氏曰く，「一歩間違えたら大怪我に繋がる機械を操作する業務であり，部下のためを思えばこその対応だった。甘えや気の緩みは許されない仕事なのに，パワハラと言われたら何も言えなくなってしまう。人事は現場が見えていない」と不満をぶつけてくると言う。C氏は人事担当者の話を丁寧に傾聴し，一緒にA氏への対応策を検討した。あわせて，ハラスメント予防マニュアルの見直しや社内研修の実施など，組織対策の方向性や内容について話し合いと提案を行った。

C氏は，休養に入ったB氏に対して定期的に面談を行い，回復状況について人事担当者に報告する一方，ハラスメント問題に対する会社の前向きな取り組みについてB氏に説明し，本人の不安を和らげるよう配慮した。数カ月後，B氏の回復の時期と人事異動のタイミングが重なったため，本人の希望に沿って別部署から復職させることができた。

## III　支援者として求められること

ハラスメントの定義や分類については，図の通り厚生労働省から示されているが，上述したように現場では線引きが難しく判断に悩むケースも多い。その理由は，コミュニケーション・ギャップ，ジェネレーション・ギャップ，組織風土，ジェンダー・バイアス，関係者のパーソナリティやメンタルヘルス，その他さまざまな問題が絡んでいることが背景にある。

そのため，予防対策のひとつとして，組織風土やコミュニケーションの改善を目標に，従業員を対象とした研修を行うことも公認心理師の役割の

**特　集**　公認心理師のための法律入門——仕事に役立つ法と制度の必携知識

### パワハラの定義

同じ職場で働く者に対して，職務上の地位や人間関係などの職場内の優位性を背景に，
業務の適正な範囲を超えて，精神的・身体的苦痛を与える，または職場環境を悪化させる行為をいう。

### 行為類型

| 種類 | 具体例 |
|---|---|
| 身体的な攻撃 | 暴行，傷害 |
| 精神的な攻撃 | 脅迫，名誉毀損，侮辱，ひどい暴言 |
| 人間関係からの切り離し | 隔離，仲間外し，無視 |
| 過大な要求 | 業務上明らかに不要なことや遂行不可能なことの強制，仕事の妨害 |
| 過小な要求 | 業務上の合理性なく，能力や経験とかけ離れた程度の低い仕事を命じることや仕事を与えないこと |
| 個の侵害 | 私的なことに過度に立ち入ること |

図　厚生労働省による定義と6類型

ひとつになるだろう。コミュニケーション・スキルや相談対応スキルの向上を目的とした研修，あるいはアンガー・マネジメントなどをテーマにした研修などは，特に公認心理師が専門性を発揮できる分野のひとつではないかと思う。

産業・組織領域は，関連法も目まぐるしく変わるうえ，企業活動も政治や経済の状況に合わせて常に変化が求められるため，公認心理師も常に新しい情報・新しい理論を学んでいく必要に迫られる。ハラスメントの問題も時代や地域によって変化するテーマのひとつであるため，この領域で働く公認心理師にも，常に新しい知識や理論を学んでいこうとする積極性と，固定観念にとらわれず企業のニーズにあわせて既存の知識を応用する柔軟性が求められるだろう。

#### ▶ 文献

Einarsen S, Hoel H, Zapf D et al.（2010）Bullying and Harassment in the Workplace : Developments in Theory, Research, and Practice. Second Edition. Boca Raton : CRC Press.

Field EM（2010）Bully Blocking at Work : A Self-Help Guide for Employees and Managers. Brisbane : Australian Academic Press.

涌井美和子（2009）改訂 職場のいじめとパワハラ防止のヒント．経営書院．

[特集] 公認心理師のための法律入門——仕事に役立つ法と制度の必携知識

# EAP

**長見まき子** Makiko Nagami
関西福祉科学大学

## I　はじめに

　企業が取り組むメンタルヘルス対策としてのカウンセリング（心理相談）に関して，その必要性や有用性は認識されているものの，それを実施する際に，社内に専門の心理職を雇用して相談活動を展開することは，よほど企業規模が大きくなければ費用対効果が見込めない。多くの企業では業務のアウトソーシングの流れやリスクマネジメントの観点から，カウンセリングを外部のメンタルヘルスサービス機関に委託している。

　外部のメンタルヘルスサービス機関のなかでも，疾病性のみを取り上げてカウンセリングを行うのではなく，事例性にも注目し労働者の生産性向上を目指すとともに，彼らの生産性を支える職場の調整・改善を行う米国生まれの包括的なメンタルヘルスサービスである EAP（Employee Assistance Program：従業員支援プログラム）が活用されている。EAP では1次予防から3次予防までの包括的なサービスを提供しているため，カウンセリングや教育だけをサービスとして提供するのは EAP とは言えない。

　EAP が我が国に紹介されたのは1980年代後半であるが，40年ほどの歴史のなかで企業のメンタルヘルス対策として広く普及している。企業は EAP と契約を結び，社員（家族を含むこともある）は業務の遂行に影響を及ぼす可能性のある多様な個人的な問題について無料で相談することができる。さらに，企業がメンタルヘルス対策についてのコンサルテーションを受けたり，管理監督者がメンタルヘルス不調の部下への対応について相談したりすることもできるため，EAP のクライエントは社員個人の両方になる。なお，EAP の主な担い手としては心理職が圧倒的に多いが，人事の専門家，PSW などの福祉職も含まれる。彼らは EAP 機関に雇用され，委託企業とその社員を対象にサービスを提供する。

## II　EAP の活動と法

### 1　産業保健領域における活動

　EAP の活動は相談が中心であるが，職場を基盤としているため，治療目的の医療ではなく予防を目的とした産業保健領域における活動であることをまずは踏まえる必要がある。産業保健領域では労働者の健康問題について検討する際，労働基準法や労働安全衛生法などの国と事業者の関係を定めた法律（労働者保護）と，労働契約法や就業規則のような事業者と労働者の雇用契約に関する

特集　公認心理師のための法律入門——仕事に役立つ法と制度の必携知識

法律を理解しておく必要がある。労働安全衛生法は労働者の安全と衛生の最低基準を定めており，企業のメンタルヘルス対策の基本となる重要な法律である。しかし，最低基準さえ守っていればそれでよいのではなく，同法ではそれを超えて安全で快適な職場環境の形成が求められている。

## 2　雇用契約に付随する責任としての "健康"

EAP が対象とするのは企業と雇用契約を結んでいる労働者である。彼らは企業に労務を提供する義務があり，一方企業はその報酬として給与を支払うという契約関係にある。労務提供にあたっては，単に1日8時間職場にいればよいというわけではなく，"健康" で "企業秩序を順守" し，"他の従業員と良好な人間関係" を保ち協調的に働くことが労働契約上，求められる。つまり "健康" を保って働く責任が原則として労働者の側に課されることになる（石嵜，2009）。もちろん，企業の側も労働者を無理に働かせることはできず，安全かつ健康に働くことができるよう一定の配慮をしなければならない(安全配慮義務)。この配慮は，労働者に対する企業側の義務でもあるが，企業にとって良質な労働力の確保という側面をもつ。つまり，企業・労働者共に健康で生産的に働ける状態や環境をつくっていくことが双方にとっての利益に繋がる。

EAP の活動は，労働者が健康で良質な労働力を提供することを支援するとともに，企業にとっての適切な配慮を支援し，企業活動をサポートするものである。この点が他のメンタルヘルスサービス機関にはない最大の特徴で，産業保健領域でEAP が求められる理由である。

## 3　産業保健領域の取り組みに影響する法

現状では労使双方への支援が必要となっている。企業に対しては，精神障害の労災申請が増加し，労災認定だけではなく民事損害賠償についても求償される事案が多くなっている。民事訴訟において安全配慮義務違反に基づく損害賠償額は，

1億円を超えるようなきわめて高額となる事例もあり，経済的基盤の脆弱な企業は倒産しかねず，安全配慮義務の不履行は企業経営に影響を及ぼすリスクとなりつつある。

さらに損害賠償に会社法が適用され，健康管理を担当する役員個人に対して損害が求償されるようになるなど，労働者のメンタルヘルス対策をはじめとする健康管理の問題は事業者の責任，つまりは経営管理上の問題として取り扱われるようになってきている（岡田，2015）。このような社会的背景もあり，個人向けのカウンセリングだけでなく，法的な知識も踏まえたうえで企業の産業保健活動を的確に支援できることが EAP の心理職に求められている。

## III　EAP の活動と法に関する疑問

EAP の活動のなかで最も多く遭遇する疑問は "委託企業から社員に対する相談情報の提供を求められたら，どうすればよいか" である。具体的には，「復職可の診断書が出ているが，本当に大丈夫だろうか」などと人事労務担当者などから尋ねられる。相談で知りえた個人情報を，どこまで当該企業の人事労務担当者や産業保健スタッフ，直属の上司などに提供することが許されるのだろうか。

EAP の心理職にとって守秘義務を守り，個人情報・プライバシーを保護し適正に情報を取り扱うことは，相談における要であり，それなくしてクライエントとの信頼関係を築くことはできない。かといって，過剰な個人情報保護や必要な場面でプライバシー権を重視しすぎれば，EAP での相談がブラックボックス化し，クライエントにとって必要な健康管理や人事的配慮を行うことができないというジレンマに陥る。

三柴（2016）は「メンタルヘルス情報は健康情報の中でも社会的偏見を受けやすく，成育歴，家族情報，生活情報などのプライバシー情報とセットになっていることが多く，特に機微な情報である反面，実効的なメンタルヘルス対策のためには，

管理者や人事労務部門による把握と理解が求められるという特徴がある」としている。さらに，メンタルヘルス情報はきわめて機微な情報として他の多くの個人情報よりも相対的に保護の必要性が高いが，関係者によるアクセスおよび活用の必要性も相対的に高いことを踏まえる必要があると指摘している。

なお，企業が心理職を直接雇用している場合は，個人情報保護法上，労働者の情報の共有は同一法人内での情報伝達とみなされ，第三者提供にはあたらないと解されるため，同法上の制限はかからない。EAP の場合，2006 年 3 月中央労働災害防止協会（厚生労働省委託）「『職場におけるメンタルヘルス対策のあり方検討会』報告書」の個人情報取り扱いにおいて，次のように規定されている——「事業者が EAP などの外部支援機関との労働者の個人情報の取り扱いについて委託契約を締結し，そうした情報について共同利用の形態をとれば，その外部支援機関は，個人情報保護法上，事業者にとって第三者には該当せず，本人同意を得ずに情報のやりとりができるが，取扱いを委託する情報の範囲や提供方法等を契約書に明記するとともに，労働者に共同利用について周知する必要がある」。したがって，EAP と企業間の情報のやりとりは個人情報保護法上は制限がかからないことになる。しかし，個人情報保護法上は合法であっても，EAP での相談内容が企業に筒抜けということになれば，誰も利用しなくなるだろう。クライエントの個人情報はプライバシー権の観点からも，また公認心理師法が要請する守秘義務順守の必要性からも，慎重な取り扱いが求められることは言うまでもない。

また，EAP の心理職は，委託企業の産業医・産業保健スタッフと連携して産業保健活動を展開することになるため，基本的に相談の際に取得した情報を彼ら専門職と共有することになる。しかし，専門職とは違い，資格上の守秘義務を課されない事業者などに情報を提供する際には，必要最低限の情報に限って加工して提供しなくてはならない。三柴（2017）は，EAP と契約した時点で，相談で得られた情報や相談記録の取り扱いについて衛生委員会で審議し，社内の情報取り扱い規定などを定め，労働者に周知すべきであること，個別相談の際にも，心理職の立場を説明し，必要な場合には事業者に情報提供を行う可能性があることをクライエントに告知（インフォームド・コンセント）する必要があり，できるだけ情報開示について本人から同意が得られるよう努力することが重要だとしている。

## Ⅳ　おわりに

以上のように，産業保健活動は相当に法を意識して行われなければならない。EAP の心理職にとっては，効果的な産業保健業務を行うためにも，自身と受託企業たる EAP 機関や委託企業の法的リスクを回避するためにも，産業保健関連法規に関する情報や，司法判断の最新動向を知る意義はきわめて大きい。

▶ 文献

石嵜信憲 編著（2009）健康管理の法律実務 第 2 版．中央経済社．

三柴丈典（2016）職場でのメンタルヘルス情報の取り扱いと法（1）．産業医学ジャーナル 39-6；18-23．

三柴丈典（2017）職場でのメンタルヘルス情報の取り扱いと法（2）．産業医学ジャーナル 40-1；18-23．

長見まき子（2017）EAP のこれまでとこれから．産業精神保健 25-4；330-335．

岡田邦夫（2015）産業保健に関わる判例とその流れ．産業医学レビュー 28-1；51-77．

[特集] 公認心理師のための法律入門──仕事に役立つ法と制度の必携知識

# 刑事司法

## 川島ゆか Yuka Kawashima

福井少年鑑別所

## I はじめに

「"コウリュウ"って，勾留と拘留は，何か違うのですか？」

この質問は，臨床心理分野において優れた素質をもち，なおかつ幅広い分野が出題範囲である公務員試験を突破した，新人の矯正施設の法務技官（心理）が研修中に発したものである。

法学とは無縁で，善良な市民生活を営んでいる心理職のなかには，同様にこの質問に答えられない方もおられると思う。筆者自身，法学の専門家ではない。こうして原稿を書くにあたっては，何度も法の用語を確認する。執筆者としては心理学と法学に精通している方が適任なのかもしれない。しかし本稿では，筆者が長年，法学に苦手意識を抱きつつも，矯正施設の勤務において，法に守られ支えられていることを自覚してきた臨床心理の実務家であることに意義を見出し，法と制度を初めて学ぶ心理職と気持ちを共有しつつこれらの概説を試みる。このテーマで執筆する筆者の厚顔無恥をお許し願いたい。

なお，もとより本稿の意見に係る点については，私見であることをお断りしておきたい。

## II 刑事司法制度

刑事司法制度とは，国家が犯罪（刑法違反の行為）に対処する仕組みのことをいう（岩井，2016）。

日本国憲法では，あらかじめ成文の法律をもって定めておかなければ人を処罰することができないと決められており，何が犯罪であるか，その犯罪に対応する刑罰の種類・量はどうするのかが法律によって定められている（罪刑法定主義）。また，そのための手続も法律で定められている（適正手続保障）。

どのような行為が犯罪になり，どのような刑罰が科せられるかを定めているのが，刑法その他の刑罰法令である。刑法という題名の法律のほか，道路交通法，覚せい剤取締法，暴力行為等処罰法，ストーカー規制法（ストーカー行為等の規制等に関する法律）といった刑罰法令で定められている。また，刑事司法手続を定めているのが刑事訴訟法という題名の法律であるが，技術的細目を定めた刑事訴訟規則のほか，少年法，裁判所法，検察庁法，弁護士法，警察法，刑事収容施設法（刑事収容施設及び被収容者等の処遇に関する法律）なども重要な役割を果たしている。刑事司法制度は，

これらによって成り立っている。刑事司法の主な流れは、「犯罪発生→捜査機関（司法警察職員等）による捜査→検察官による公訴提起→公判手続→刑の執行」の段階である。刑事司法制度を広く取れば、これに犯罪発生前の予防活動も入る（渡邊, 2016）。

刑事司法制度は、枝分かれが複雑で全容がつかみづらい。この領域で活動する心理職に関する法と制度の観点からは、少年司法制度、更生保護制度、裁判員制度、医療観察法制度、被害者支援活動、再犯防止活動など重要なトピックが多数ある。この領域に限らないかもしれないが、法と制度の学習にあたっては、法律の条文をやみくもに読んだり、各制度の細部から完璧を目指したりすると行き詰まることもある。平易な概説書を読んだり、全体の見取り図を頭に入れたりした後、枝分かれのどこに当たるかを確認したり、制度の具体的な状況と根拠となる法を行ったり来たりしているうちに、あるとき視界が開けると思われる。

## 1 犯罪発生／捜査機関による捜査／検察官による公訴提起

犯罪が発生すると、警察官等が捜査を開始する。検挙されると、微罪処分の対象となったものや、道路交通法違反で反則金の納付があったものを除き、事件はすべて検察官に送致される。

検察官は、捜査の結果、犯罪の成否、処罰の要否等を考慮して、起訴・不起訴を決める。検察官は、身柄拘束が必要と認めれば勾留（10日間）・勾留延長（10日まで）を請求できる。

検察官は、犯罪の嫌疑があり訴訟条件が備わっていても、犯人の境遇や犯罪の軽重・情状などにより、訴追を必要と認めず公訴を提起しないときがあり、この処分を起訴猶予という（少年事件については、刑事事件の特則であり、本特集号・鉄島論文を参照されたい）。

## 2 公判手続

公訴提起から裁判確定までの手続を、広義の公判手続という。

通常、第一審の裁判は、公判廷で審理を行う公判手続により行われ、有罪と認定されたときは、死刑、懲役、禁錮、拘留、又は科料の刑が言い渡される。そのうち条件が備わっていると、情状により、一定期間、刑の全部又は一部の執行が猶予されることがあり、事案によっては、その期間、保護観察に付されることがある。

第一審判決に対しては、高等裁判所に控訴することができ、控訴審判判決に対しては、最高裁判所に上告することができる。

## 3 刑の執行

有罪の裁判が確定すると、検察官の指揮によって刑が執行される。懲役、禁錮及び拘留は、刑事施設によって執行される。

また、罰金・科料を完納できない者は、労役場（刑事施設に附置）に留置し、労役を課される（労役場留置）。

受刑者は、地方更生保護委員会の決定により、刑期の前に仮釈放が許されることがあり、仮釈放中は、保護観察に付される（更生保護における処遇に関しては、本特集号・押切論文を参照されたい）。

## III 受刑者処遇の流れ──「処遇調査」

近年、刑事司法領域において心理職は職域を拡大している。そのため、すべてに精通するのは難しくとも、役割に応じて根拠となる関連法規を理解しておく必要がある。

ここでは、制度の根拠となる法令の条文を確認する観点から、前記3の刑事施設における受刑者処遇のうち、法務技官（心理）が中心的役割を担っている「処遇調査」について取り上げる。

「処遇調査」とは、受刑者の処遇に必要な基礎資料を得るために行う受刑者の資質および環境の科学的調査をいう。受刑者の処遇は、刑事収容施設法に基づき、受刑者の人権を尊重しつつ、その者の資質および環境に応じ、その自覚に訴え、改

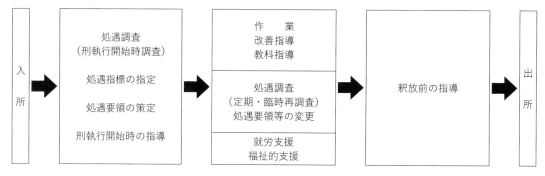

図　受刑者処遇の流れ（法務省法務総合研究所，2018）

善更生の意欲の喚起および社会生活に適応する能力の育成を図ることを目的としている。その流れは図の通りである。

処遇調査は，刑の執行開始時に実施され（刑執行開始時調査），この結果に基づき，処遇要領が定められる。処遇要領に沿って，矯正処遇（作業・改善指導・教科指導）が進められ，定期的・臨時に行われる処遇調査（再調査）の結果に基づき，処遇要領は，必要に応じて変更される。

この根拠となる刑事収容施設法第84条2項には，「矯正処遇は，処遇要領（矯正処遇の目標並びにその基本的な内容及び方法を受刑者ごとに定める矯正処遇の実施の要領をいう」とあり，同条3項に「処遇要領は，法務省令で定めることにより，刑事施設の長が受刑者の資質及び環境の調査の結果に基づき定めるものとする」とある。

受刑者の処遇調査に関する訓令によって受刑者の資質および環境の調査を適正に行うために必要な事項が定められており，同第3条に処遇調査の意義について定めがある。

## IV おわりに

法を読み解くのは難しい。「表現の正確さということを，法令のわかりやすさということを同時に尊ぶ立法の世界では，日常用語だけで法令を書くということは，技術的に不可能に近い」（林，1958）とある。しかし特殊用語だけでなく，「及び」「並びに」「ものとする」「できる」「その他」「その他の」など，日常用語の顔をしているのに，読み解くのには法令上の使い分けを理解しておく必要な用語もある。わかりやすさを尊んでいる，とはにわかに共感しにくい。すぐにわかる，という意味のわかりやすさとは次元の異なる「わかりやすさ」なのであろう。

冒頭のエピソードについて誤解のないよう補足すると，矯正で勤務する法務技官（心理）の新人研修では，法の専門家による講義が多数準備されている（試験があって赤点は許されない）。また，この領域の心理職は，法の専門家と協働する機会もあり，体験的に学ぶチャンスにも恵まれている。法からの要請を的確に理解し，法が意図している問題解決に向けて，心理臨床の知見や技術を効果的に活用し，貢献することが望まれる。

▶文献

林修三（1958）法令用語の常識．日本評論社．
法務省法務総合研究所 編（2018）平成30年版犯罪白書．
岩井宜子（2016）わが国の刑事司法制度の概要．In：日本犯罪心理学会 編：犯罪心理学事典．丸善出版，p.676．
日本犯罪心理学会 編（2016）犯罪心理学辞典．丸善出版．
岡本吉生 編（2019）司法・犯罪心理学．遠見書房．
渡邊一弘（2016）刑事司法手続の概要．In：日本犯罪心理学会 編：犯罪心理学事典．丸善出版，pp.680-681．

［特集］公認心理師のための法律入門──仕事に役立つ法と制度の必携知識

# 少年司法（施設内処遇）

**鉄島清毅** Kiyotake Tetsushima
宇都宮少年鑑別所

## Ⅰ はじめに──より良き連携に向けて

　筆者に与えられたテーマは，公認心理師が少年司法分野（以下，筆者が慣れ親しんだ「司法・矯正領域」を用いる）のベースとなる制度の仕組み及び根拠となる法体系のエッセンスを平易かつ簡潔に解説することである。司法・矯正領域との連携は，狭義の心理職のスキルのみならず，対象者がどのような流れ（手続き）を経て，どの機関で，どのような職種の職員がいかなる働き掛けをしてきたのかを把握していることが必須である。そこで，是非ともおさえたい少年保護手続きに焦点を当て，根底にある考え方及び関連法規等を紹介していく（本論で用いる「少年」とは，少年法第2条に定める20歳に満たない者を指す）。

## Ⅱ 少年保護手続きの根底にある基本理念──教育主義

　司法・矯正領域を理解する上で核となる法規は，①「少年の健全育成」の理念の下，少年の立ち直りに向けた一連の措置を定めた少年法，②少年鑑別所に収容された者（「在所者」）への処遇，鑑別，地域への心理相談などを規定した少年鑑別所法，③矯正教育，少年院に収容された者（「在院者」）への処遇，円滑な社会復帰などを規定した少年院法，という3つである（以下，少年法を「少」，少年鑑別所法を「鑑」，少年院法を「院」と示す／例：少年法第17条→少17）

　少年保護手続きの根底には，健全な育成を保障することで非行に至った問題性を解消し，将来の社会の担い手として成熟させるという考え方がある。特に，少年は発達途上にあり，精神的にも未熟で環境の影響を受けやすいことに鑑み，成人同様の刑罰を科すのでなく，可塑性や教育可能性を信頼して健やかな成長を促し，改善更生・再犯防止のための教育的処遇を原則とする教育主義が貫かれている。図1に示した少年保護手続きの流れでも随所に教育主義の精神が認められる。家庭裁判所が少年を少年鑑別所に送致する観護措置という決定も，適正かつ妥当な調査・審判に向けた身柄確保（司法的側面）に加え，最終的な処分に至るまでの間，健やかな育ちにとって望ましくない環境からの緊急的保護（福祉的側面）という面を含んでいる。また，少年院送致という処遇選択も保護処分と呼ばれ，応報としての処罰でなく，非行という行為に表れた危険性を除去するための教育処分と整理される。

特　集　公認心理師のための法律入門──仕事に役立つ法と制度の必携知識

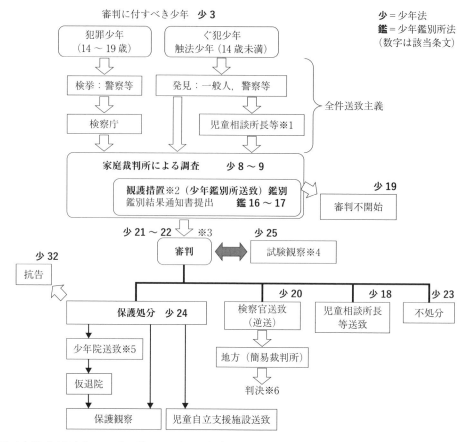

※1　触法少年及びぐ犯少年で14歳に満たない者は，児童福祉措置が優先されることから，都道府県知事又は児童相談所長から送致された者に限り家庭裁判所は審判に付すことができる。14歳以上18歳未満のぐ犯少年は家庭裁判所の権限と児童相談所との権限が競合する。
※2　観護措置には身柄を少年鑑別所に送致する以外に，社会内で家庭裁判所の調査官の観護に付す場合もある。
※3　重大な事件に限り，検察官の関与（審判出席等）が認められている（少22の2）。
※4　中間的な決定であり，家庭裁判所調査官が一定期間社会内での生活を観察し，再度審判に付すことで最終的な処分を決定する。
※5　少年院には第1種，第2種，第3種，第4種があり，その収容期間は6カ月以内，4カ月以内，それ以外の者に分かれる。
※6　公判手続の結果，保護処分相当となった際には再び家庭裁判所に移送される（少55）。

図1　少年保護手続きの流れと関連する法規

## III　実際の少年保護手続きの流れ

### 1　家庭裁判所に送致されるまで

　この段階では捜査機関が犯罪の嫌疑があると認めた場合及びその嫌疑が認められなくても，ぐ犯少年に該当するときは，少年の年齢や非行の種類の如何を問わず全ての事件が家庭裁判所に送致される（全件送致主義）。さらに，一般人でも審判に付すべき少年を発見したときは家庭裁判所に通告することが義務付けられ（少6），一人の取りこぼしもなく保護手続きに乗せるため，より多くのルートから早期に少年の専門機関である家庭裁判所につなげる体制が構築されている。

### 2　家庭裁判所の調査および鑑別

　家庭裁判所が行う調査は，教育・心理など少年問題の専門家である調査官が主たる担い手であり，調査結果は審判での最終的な処遇選択（「終

局決定」)の重要な資料となる。調査は、医学、心理、教育などの専門的知識に基づき、少年、保護者及びその他関係者、生育史、環境などに対し広範かつ詳細に行う科学的調査であり、同時進行で行われる少年鑑別所による鑑別の結果も活用することが義務付けられている（少9）。

### 3　審判から終局決定まで

成人の裁判に相当する審判により終局決定がなされる。審判は被告人及び弁護人と検察官が対立的な構造をなし、裁判官が第三者として公権的判断を下す刑事裁判と異なり、家庭裁判所が手続きを主宰し、少年に対する広域な調査と審問を行った上で終局決定を行う。審判に臨席する保護者、付添人なども少年の更生の目的のための協力者と位置付けられる。

審判では保護処分に付すか否か、保護処分を付す場合にはいかなる処分を付すかが審議され、保護処分に付さない場合でも、児童相談所長送致、検察官送致などの決定がなされる。また、保護処分については、不服申立ての制度（「抗告」）も設けられている（少32）。

## Ⅳ　公認心理師が少年司法・矯正領域で連携する上でおさえておきたい事項

### 1　少年院と少年鑑別所との違い

2つの施設の決定的な違いは、少年鑑別所が終局決定前の少年を収容するのに対し、少年院は調査・鑑別を経て審判で改善更生のために矯正教育の必要性が認められた者を収容するという点である。この違いは、施設内でのさまざまな権利の制限の違いにも表れている。例えば、少年鑑別所における日常生活で必要な衣類、日用品、食料品などは施設（国）からの支給を原則とするものの、終局決定前の身分であることを踏まえ、私物使用を一律不許可とはせず、施設の規律秩序の維持、管理運営上、健全な育成に大きな問題が生じない限り、一定の私物の使用・購入を認めている（鑑42）。一方、少年院は私物の使用・摂取は原則不

許可であり、処遇上適当と認める場合のみ許可する（院61）とされており、少年鑑別所に比べ一段ハードルが高くなっていることが分かる。

### 2　鑑別について

鑑別とは、非行という形で顕在化した本人の問題性やその形成に影響している環境との相互作用などの調査・分析による問題の根深さなどの解明、潜在的可能性にも着目した今後の立ち直りのための指針の提供と要約される。観護措置は2週間であり、制度上は3回まで更新可能（最長で8週間）だが、大半の更新が1回のため、心理職である法務技官と、所内の生活で指導や助言を行う法務教官との共同作業による鑑別の結果を、実質3週間で家庭裁判所に提出するという、まさに時間との勝負となる（図2参照）。少年の人となりは、法務技官の行う面接、心理検査からだけでなく、日々の生活を共にする法務教官によって把握されるところも大きい。運動場面ひとつとっても、萎縮しながら取り組む者もいれば、自分の存在を際立てようと躍起になる者もいる。こうした日常生活で垣間見せる特性は、最終的に行動観察として鑑別結果通知書に盛り込まれる。また、同時期に家庭裁判所の調査官も少年鑑別所で在所者と面接を実施し、適宜法務技官とカンファレンスを行う。調査官は家族をはじめ、学校、職場などの関係者を詳細に調査しており、少年の供述内容と調査内容との食い違いを検証する過程で、見逃されがちな少年の特性や背景事情が浮き彫りになることも多い。

### 3　矯正教育について

矯正教育の目的は、犯罪傾向の矯正、健全な心身の育成、社会生活に適応するのに必要な知識・スキルの習得（院23）にあり、5つの指導分野（生活指導、職業指導、教科指導、体育指導、特別活動指導）から構成される（院24～29）。教育のプログラムについては、一定の共通する特性を有する在院者に行う矯正教育の重点的な内容及

特 集　公認心理師のための法律入門——仕事に役立つ法と制度の必携知識

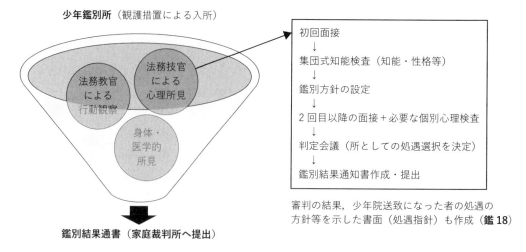

図2　鑑別の流れ（心理職の動きを中心に）

び標準的な期間を定めた16種類の矯正教育課程（院30）があり，法務大臣が各少年院で実施する矯正教育課程を指定している（院31）。これを受けて少年院の長は，施設の特性や実情などを踏まえ，矯正教育課程ごとに，矯正教育の目標，内容，実施方法及び期間その他の矯正教育の実施に必要な事項を定める（院32）。実際に少年院送致決定になった場合，少年鑑別所での指定鑑別（鑑18）や家庭裁判所の意向などを踏まえ，少年院の長が履修すべき少年院教育課程を指定する。加えて，入院後の法務教官による面接等により，在院者の特性や意向，さらに保護者の意向も加味しながら具体的な計画が策定され（院34），オーダーメードの教育プログラムが実施される。

　少年院での矯正教育は，計画通りに改善更生プログラムを実施するだけでなく，日々の法務教官との全人格的な触れ合いや他の在院者との集団生活で遭遇する，戸惑い，不安，喜び，達成感といったさまざまな経験の積み重ねとの相乗効果があって初めて，成長や改善といった具体的な成果として実を結んでいく。

## V　おわりに
—— 少年司法・矯正領域に求められる二律背反

　司法・矯正領域の心理職は他の領域以上に多く

の権限を有し，面接においても対等よりは「主－従」のニュアンスが強く，イニシアチブの大半は職員が取る。村瀬（2018）は，この領域の心理職には，職権に基づき相手の成育歴，家族歴，犯罪歴を遺漏なく聴きつつ，単なる同情や優しさからだけでなく，その人の心の奥にある傷，痛み，失望，絶望，苦しみに対して適切に距離を保ちながら明確な想像力をもって接し，「相手に取り入ることなく，相手の琴線に触れる」ことが求められると喝破している。こうした容易には達成しがたい課題に日々向き合い，試行錯誤している姿が想像できれば，日ごろ接点の少ない特異な領域というイメージを脱して，自らの専門性を向上させ，当事者の利益につなげたいという，根底では通ずる志を抱く者としての親しみを覚えるのではないだろうか。

▶文献

廣瀬健二（2013）子どもの法律入門〔改訂版〕．金剛出版．
法務省矯正局 編（2014）新しい少年院法と少年鑑別所法．矯正協会．
村瀬嘉代子（2018）司法・矯正領域において求められる心理職の活動．In：村瀬嘉代子：ジェネラリストとしての心理臨床家—クライエントと大切な事実をどう分かち合うか．金剛出版，pp.119-127．

[特集] 公認心理師のための法律入門——仕事に役立つ法と制度の必携知識

# 少年・刑事司法（社会内処遇）

押切久遠 Hisatoo Oshikiri

法務省保護局更生保護振興課

## I　はじめに

　犯罪や非行をした人に対して，刑務所や少年院等の矯正施設において働きかけを行うことを施設内処遇（本特集号・鉄島論文参照），矯正施設以外の地域社会において働きかけを行うことを社会内処遇という。この社会内処遇を担う中心的な機関が保護観察所であり，また主な担い手としては，保護観察官，保護司，更生保護法人，協力雇用主等が挙げられる。

　社会内処遇の基本法となるのが，更生保護法（平成19年法律第88号）で，その第1条には，「この法律は，犯罪をした者及び非行のある少年に対し，社会内において適切な処遇を行うことにより，再び犯罪をすることを防ぎ，又はその非行をなくし，これらの者が善良な社会の一員として自立し，改善更生することを助けるとともに，（中略）社会を保護し，個人及び公共の福祉を増進することを目的とする」とある。つまり，適切な社会内処遇を行うことにより，再犯・再非行を防止し改善更生を助け，それによって，社会の安全を守り個人・公共の福祉を増進することが，この法律の，そして更生保護の目的ということになる。

　更生保護というのは，仮釈放，保護観察，生活環境の調整，更生緊急保護，恩赦，犯罪予防活動等を幅広く包含する概念だが，社会内処遇という場合には，そのなかでも，保護観察，生活環境の調整，更生緊急保護等の犯罪や非行をした人（またはその引受人等）に直接働きかける活動を指すことが多い。ここでは，社会内処遇の中心的な制度である保護観察について，架空の事例を用いながら，法的根拠を示しつつ概説したい。

　なお，犯罪や非行をした人のすべてが保護観察の対象になるわけではない。たとえば，非行少年の多くは，家庭裁判所に送致されても，審判不開始や不処分となり，保護処分を受けずに終わる。また，犯罪者の大部分は，警察段階での微罪処分，検察段階での起訴猶予，裁判になっても罰金や保護観察の付かない執行猶予で処分が終結する。つまり，保護観察の対象となるのは，ある程度非行性や犯罪性の進んだ人ということになる。

　保護観察対象者（以下，対象者）の種類は大きく4つに分けられ，保護観察処分少年，少年院仮退院者，仮釈放者及び保護観察付執行猶予者と呼ばれる（更生保護法第48条／そのほか，売春防止法（昭和31年法律第118号）に基づき婦人補導院仮退院者も対象となるが，実際にはほとんど対象者がいない）。

特　集　公認心理師のための法律入門──仕事に役立つ法と制度の必携知識

## II　家庭裁判所で保護観察の決定を受けた少年（保護観察処分少年）の場合

　まずここでは，保護観察処分少年のケースを例に挙げて考えてみたい。

　恐喝の罪で警察に逮捕された17歳の男子少年Aは，家庭裁判所の決定により観護措置（少年法（昭和23年法律第168号）第17条）がとられ，少年鑑別所に入所した。家庭裁判所の審判の結果，Aは保護観察処分（少年法第24条第1項第1号）となった。ちなみに，恐喝の主犯格であった男子少年Bは，少年院送致（少年法第24条第1項第3号）となっている。

　身柄の拘束を解かれたAは，母親と共に，保護観察所（更生保護法第29条，法務省設置法（平成11年法律第93号）第15条・第24条／全国50カ所に設置されている法務省の地方支分部局）へと出頭した。Aを担当するのは，Aの自宅のある地域を担当する保護観察官（更生保護法第31条／心理学，教育学，社会学その他の更生保護に関する専門的知識に基づき，保護観察等の事務に従事する法務省の職員。第一線の保護観察官の数は，全国で約千人）で，インテーク面接において，その非行の動機・原因，家族関係，交友関係，生活歴，心身の状況，被害弁償の状況，今後の生活計画等を調査するとともに，保護観察に関する説明や遵守事項の通知を行った。

　遵守事項とは保護観察中に守るべき約束事であり，この約束事に違反すると，保護観察処分少年の場合には，警告を受けたり，少年院等に送致されたりすることがある（更生保護法第67条，少年法第26条の4）。

　遵守事項には，すべての対象者が守るべき一般遵守事項（更生保護法第50条）と，個々の対象者の問題に応じて対象者ごとに定められる特別遵守事項（更生保護法第51条）とがある。一般遵守事項は，たとえば，再犯や再非行をしないよう健全な生活態度を保持すること，保護観察官や保護司の面接を受けること，転居や7日以上の旅

行をする場合には保護観察所長の許可を受けること，といった約束事である。特別遵守事項は，たとえば，共犯者と交際しないこと，深夜徘徊しないこと，飲酒をしないこと，被害者に接触しないこと，仕事をすること，学校に通うこと，といったものが設定される。また，特別遵守事項については，保護観察の期間中に，設定，変更，または取消しが可能である（更生保護法第52条・第53条）。Aの特別遵守事項は，「暴走族関係者との交際を絶ち，一切接触しないこと」「深夜に徘徊したり，たむろしたりしないこと」「就職活動を行い，または仕事をすること」と定められた。

　インテーク面接に基づき，保護観察官は，Aの自宅と同じ地域内に住む保護司にAの担当を依頼した。保護司は，法務大臣から委嘱を受けた非常勤の国家公務員であるが，給与は支給されず，予算の範囲内で活動実費の弁償を受けることとなっている（保護司法（昭和25年法律第204号）第3条・第11条）。実質的にボランティアであり，退職者，主婦，会社員，宗教家，商業・サービス業従事者，農林漁業従事者など多様な属性をもつ約4万7千人の民間の方々が，全国で活動している。

　Aは，毎月定期的に保護司宅を訪ねて面接を受け，生活状況を報告して，保護司の指導・助言を受けることとなった。当初，Aは，月2回の訪問・面接の約束を守っていたが，職場への不満から退職すると生活が乱れはじめ，保護司との約束も守らなくなった。保護司からの報告によってその状況を把握した保護観察官は，Aを保護観察所に呼び出し，遵守事項違反の状態にあることを厳重に注意するとともに，就労支援を行うこととした。はじめは反抗的であったAも，保護観察中であることを改めて自覚し，保護観察所とハローワークとが連携して行う就労支援を受けることを希望した。Aは，ハローワークの担当窓口を通じて協力雇用主（対象者等の自立や社会復帰に協力することを目的として，これを雇用しようとする事業主）のもとに就職し，徐々に生活全般

も安定してきた。

毎月の保護司との面接，就労の継続，問題のない交友など遵守事項が守られ，健全な生活態度が保持され，保護観察を継続する必要がなくなったと認められたことから，A は，保護観察となって約1年2カ月後に保護観察所長の決定で解除（更生保護法第69条）となり，保護観察が終了した。

## III 刑事施設（刑務所等）から仮釈放となった者（仮釈放者）の場合

次に，仮釈放者のケースを例に挙げて考えてみたい。40歳の男性 C は，覚せい剤取締法違反の罪で執行猶予の判決を受け，その執行猶予期間中に再び覚せい剤を使用し，実刑判決を受けた。実刑と執行猶予の取消刑を合わせて約3年3カ月，刑務所に服役する C は，刑務作業に従事しつつ，薬物依存離脱指導を受講することとなった。刑務所に入所したとき，C は，出所後の帰住先として，妻子のもとを希望した。その希望について通知を受けた保護観察所は，C について生活環境の調整（更生保護法第82条第1項）を行うこととなった。

C の妻子が居住する地域を担当する保護観察官は，C の妻に対して，保護観察所の役割や生活環境の調整の進め方などを記した手紙を送るとともに，その地域に住む保護司に担当を依頼した。保護司は，C の妻のもとを訪ね，C を引き受ける意思があるか，家庭の状況はどうなっているか，出所後の生活についてどのように考えているかなどについて調査した。その結果（引き受ける意思があること，妻と子どもの2人で何とか生活していること，出所後は妻の親戚が経営する建設会社に就職させる予定であることなど）の報告を受けた保護観察所は，地方更生保護委員会（更生保護法第16条・第17条，法務省設置法第15条・第17条／仮釈放の審理等を行う法務省の地方支分部局で，全国8カ所に設置されている）と刑務所に対し，C が妻のもとに帰住することは可能である旨の通知をした。その後，保護観察所は，C の妻のもとへの帰住について，定期的に調査・調整を行った。

刑務所長から地方更生保護委員会に対し，C に関する仮釈放の申出があり，地方更生保護委員会は，その調査・審理の結果，C の仮釈放を許可する決定をした（刑法（明治40年法律第45号）第28条，更生保護法第39条第1項）。C は，満期釈放日よりも約8カ月早く刑務所を出所し，その間保護観察を受けることとなった。また，生活環境の調整を担当した保護観察官と保護司が，引き続き保護観察も担当することとなった。

C は，妻の出迎えを受けて刑務所を出所した当日，保護観察所に出頭した。保護観察官は C に対し，受刑生活の感想や現在の心身の状況などを聴くとともに，今後の生活計画や遵守事項を確認した。そして，遵守事項に違反した場合には仮釈放が取り消され（刑法第29条第1項第4号，更生保護法第75条），仮釈放期間と同じ期間を服役し直さなければならないこと（刑法第29条第3項）や，仮釈放中に所在不明となった場合には保護観察が停止され，刑期が進行しないこと（更生保護法第77条）などについて説明した。仮に所在不明となった場合，刑の時効が完成するまで保護観察は終了しない（刑法第31条・32条）ため，それまでに C の所在が判明したときには，遵守事項違反（一般遵守事項の「特定された住居に居住すること」に違反）として仮釈放が取り消されることとなる。C の特別遵守事項は，「覚せい剤などの規制薬物の使用者や密売人と一切接触しないこと」「薬物再乱用防止プログラムを受けること」の2つであった。

C は，毎月保護司との面接を受け，生活に関する指導・助言を受けるとともに，まずは2週間に1回保護観察所に出頭し，薬物再乱用防止プログラムのコアプログラムを受講した。D 保護観察所のプログラムはグループで行われ，認知行動療法をベースに作成されたテキストを用い，プログラム担当の保護観察官がファシリテーターとなって進められる。グループワークの後に，C の住む地域の担当保護観察官が個別に面接し，生活状況の確認と必要な指導・助言を行うとともに，唾液ま

特　集　公認心理師のための法律入門──仕事に役立つ法と制度の必携知識

たは尿による簡易薬物検出検査を実施する。5回のコアプログラムの後，Cは，月1回ペースのステップアッププログラムへと移行し，引き続きグループワークと簡易薬物検出検査を受けた。Cは，自分が薬物を止め続けるためには，孤立しないようにすることや，心情を素直に吐露できる場所が大切だと理解し，地域で夜間に開催されている薬物依存症者の自助グループに参加しはじめた。約8カ月の仮釈放期間が満了し，Cの保護観察は終了した。

## IV　おわりに

　社会内処遇の2つの事例を用いながら，更生保護法について主に記述してきた。同法の重要な下位法令としては，犯罪をした者及び非行のある少年に対する社会内における処遇に関する規則（平成20年法務省令第28号）があり，そこには，社会内処遇の方針や仮釈放許可の基準等が定められている。また，更生保護に関連する法律として，保護司の使命や委嘱等について定めた保護司法，

帰住先のない刑務所出所者等を保護する更生保護施設を運営する更生保護法人等について定めた更生保護事業法（平成7年法律第86号），恩赦の種類等について定めた恩赦法（昭和22年法律第20号）などがある。さらに，2016（平成28）年に施行された再犯の防止等の推進に関する法律（平成28年法律第104号）は，犯罪や非行をした人の社会復帰を促進すること等によって再犯を防止し，安全・安心な社会の実現に寄与することを目的とした法律であり，更生保護と深く関連するものである。同法に基づき2017（平成29）年に策定された国の再犯防止推進計画には，更生保護に関係する多数の施策が盛り込まれている。

　法令の用語には独特で専門的なものも多く，心理職の方々にはなじみにくい面もあろうかと思われるが，特に筆者のような司法・犯罪分野の公認心理師は，法令の内容や解釈に関する知識を豊富にすることによって，よりパフォーマンスの高い仕事ができ，それが対象となる人の人権を守ることにもつながるのである。

[特集] 公認心理師のための法律入門──仕事に役立つ法と制度の必携知識

# 家事司法・民事司法

## 植杉永美子 Emiko Uesugi

大阪家庭裁判所

## Ⅰ　はじめに

　本特集は，各臨床現場において必要とされる法律や制度とその意義を紹介するものであるが，筆者が勤務する家庭裁判所は，司法機関のひとつであるため，法律とは特別な関わりをもつ職場である。というのは，他の領域と同様に，法律による規制や後ろ盾を受けながら職務を行い，法律による規制や保護下にある対象者と関わる一方で，職務そのものとして，審判や調停などの形で，具体的な案件に法律を適用実現する任務を負っているからである。

　本稿では，家庭裁判所の家事事件を担当する調査官の立場から，家事事件の当事者をとりまく法律はどのようなものか，家庭裁判所がどのような法律に基づいて申立てのなされた家族や親族に関わる問題に対処しているのかについて，ひとつの具体例をもとに解説したい。

　家庭裁判所は司法機関として，申立てのあった案件について，法律に基づいて身分関係を定め（親権者，監護者，養子縁組，後見人等），家族や親族らの紛争の決着を図る。その手続きにおいては，当事者や関係者の言い分をよく聞いて，職権による事実の調査や証拠調べを行い（職権探知主義／

家事事件手続法56条1項，258条1項），必要に応じて行動科学の知見を活用して事案を解明しながら（家事事件手続規則44条），円満な解決を目指すこととなっている。司法的機能と福祉的機能の両立を図っているといえるが，その命題に取り組むために，家庭裁判所では，「法と良心」のみに従って判断を下す使命をもつ裁判官（憲法76条3項），行動科学の専門家である調査官（裁判所法61条の2,3），民間有識者である調停委員（民事調停委員及び家事調停委員規則1条）等々の職種が日々協働している。本稿の事例を通じ，その営みの一端を示していきたい。

　なお，本稿で紹介するのは，複数の事例を参考に構成した架空事例であり，また，本稿の記載内容は，筆者個人の見解に基づくものである。

## Ⅱ　事例（子の監護者指定及び子の引渡しの審判事件，審判前の保全処分事件）

### 1　事例の概要

　申立人である母と相手方である父の間には3歳の男児がいる。夫婦関係が悪化して，父が不在がちになり，離婚話が出ていたところ，父は，帰宅した際に，子が母によって物置に閉じ込められているのを発見して驚き，子を連れて実家に帰った。母は，父

特　集　公認心理師のための法律入門――仕事に役立つ法と制度の必携知識

の実家に行き，子を返してほしいと懇願したが，父は虐待があるとして拒絶した。母は代理人弁護士をつけて，家庭裁判所に，子の監護者指定と子の引渡し審判，審判前の保全処分を求める申立てをした。

**申立ての根拠となる条文等**
①子の監護者指定審判：民法766条1項（父母が協議上の離婚をするときは，子の監護をすべき者（略）は，その協議で定める。この場合においては，子の利益を最も優先して考慮しなければならない）の類推適用，民法766条2項（前項の協議が調わないとき，又は協議をすることができないときは，家庭裁判所が，同項の事項を定める）
②子の引渡し審判：家事事件手続法154条3項
③子の監護者指定と子の引渡し審判を本案とする保全処分：家事事件手続法157条1項3号

## 2　家事事件の手続きについて

はじめに家事事件手続法（2013（平成25）年施行）が定める家事事件の手続きについて概説する。大別すると家事審判と家事調停の手続きがあり，いずれも非公開で行う。

家事審判とは，職権で行う簡易な裁判に似た手続きである。家事事件手続法の別表第一には，養子縁組許可，後見人選任，親権喪失，氏の変更等の公益性の高い事項が掲げられており，これらについては家庭裁判所がもっぱら審判事件として扱い，判断する。

家事調停では，離婚や離縁，嫡出否認など人事訴訟をすることができる事件，不貞に基づく慰謝料請求など民事訴訟をすることができる家庭に関する事件を扱う。これらの事件は，まずは協議での解決が期待され，訴訟の前に調停を行うのが原則である（調停前置主義）。調停で合意が成立すると，調書が作成され，確定した判決と同じ効力をもつ。調停で話し合いがつかず，当事者がさらに裁判所での解決を望む場合は，一方が訴訟を提起する。

人事訴訟については，2004（平成16）年に人事訴訟法が施行され，地方裁判所で審理されてい

た第一審が，家庭裁判所に移管された。新法では，家裁調査官や参与員を活用できるようになり，家庭裁判所がもつ家庭の紛争解決の専門性を活かせるようになった。

親権者変更，子の監護に関する処分（面会交流，子の監護者の指定，子の引渡し等），財産分与等は，家事事件手続法別表第二に記載される対立当事者のいる事件であり，調停，審判のどちらを申し立ててもよい。審判については，家庭裁判所はいつでも職権で調停に付することができ，合意できずに調停が不成立となった場合は，審判手続きに移行する。

審判前の保全処分は，審判確定まで暫定的に権利義務関係を決める手続きで，財産の保全や子を従前の養育者に戻すことなど，迅速な対応が必要とされる場合に申し立てられる。保全処分の審判が認容されても相手方が従わなければ，強制執行することができる。子の引渡しであれば，地方裁判所の執行官が臨場し，相手方から直接子の引渡しを受ける。

## 3　事例の経過について

事件受理後，担当裁判官は，申立てのあった3つの事件について審問を開き，両当事者の主張を聞いた。父は，子を養育してきたのは主に母で，もともとの母子関係はよかったと認めた。しかし，この半年ほどは，母が育児ノイローゼのようになって，子を強く叱責していたといい，別居した日は，寒いなかで長時間，子が物置に閉じ込められていたのを見つけ，驚愕したと述べた。母もその行為を認め，「二度としない」と涙を流した。

審問後，裁判官は担当調査官2名と評議を行った。裁判官は，主たる養育者だった母は，子にとって最も重要な存在といえるが，物置に閉じ込めた件は子の心身に重大な結果をもたらしかねなかったことで，反復のおそれがないか十分見極める必要があるとし，職権により調査官らに事実の調査を命じた。調査官らは，父および母との面接，事情を知る親族との面接，子が通う幼稚園教諭との

面接，別居後に母が相談した行政機関の担当者との面接（調査官による社会福祉機関との連絡その他の措置／家事事件手続法59条3項）を行った。また，裁判所で母子の交流場面を設定して観察し，子との面接も行った。

調査の結果，母はもともと真面目な性格で，育児に懸命に取り組んでいたことが認められ，幼稚園でも母子関係は良好と評価されていた。しかし，父が不在がちとなって「自分も子どもも捨てられる」という不安が募った時期に，母自身の母親が倒れ，看護や心労が重なって心身の余裕を失い，子に強く当たり出した経過が見受けられた。母は面接で，「幼い頃，私も父親に捨てられた。不安でたまらなかったが，母親を心配させないよう，一人で物置に閉じ込もって泣いていた」と話した。母子の交流場面では，子ははじめ戸惑うような表情を見せたが，母が頭をなで，絵描き歌を歌って絵を描くうちに笑顔となり，一緒に歌を歌い出した。

母については，別居後にパートを始めて経済的な見通しが立ったこと，心療内科でカウンセリングを受けはじめて自分の気持ちや行動を客観視できるようになったこと，母自身の母親の容態が落ち着きストレス状況がかなり改善したことが認められた。さらに，行政機関の担当者から養育の訪問指導をしてもらえる目途も立った。

以上の調査結果を踏まえ，裁判官は，子の監護者を母とし，子を母に引き渡すことが子の福祉にかなうことを暫定的に認めて，保全処分を認容する審判をした。ただし，監護者指定と子の引渡しの本案については，同居後の母子の様子や，行政機関による援助の受入れ状況を見極めてから審判することを決め，調査が継続した。

父は保全処分の審判結果を受け入れ，母に子を渡した。父は，子に定期的に会って養育を補助したいとして面会交流調停を申し立て，調停委員を介した父母の協議が開始した。

以上，家庭裁判所の家事事件について，裁判官が法と良心に照らしながら審判事件の進行方針を示し，調査官が事実の調査を行い，調停委員らが調停を行って，家庭裁判所の司法的役割と福祉的役割の両立を図る過程について具体例（架空事例）を提示した。なお，裁判官の示す進行方針は，事例に応じて異なることを念のため付記しておく。

## III　おわりに

本稿の執筆を担当し，臨床現場における法律の意義について再考する機会となった。架空事例では，家庭裁判所において裁判官，調査官および調停委員らが，法律にしたがって，子の利益にかなう問題解決に向けそれぞれの責務を果たし，他機関の専門職と連携する過程を解説した。各組織・専門職が法律によって要請されている理念を実現し，責務を果たすには，組織内外の専門職が，互いの役割をよく理解し合いながら連携することが望ましい。そのために心理職もまた，法律を広く学ぶ必要があるだろう。

**当事者研究 第3弾！**

［刊行予告］『臨床心理学』増刊第11号［2019年8月10日刊行予定］

# 当事者研究をはじめよう

## 熊谷晋一郎
［責任編集］

［編集委員］綾屋紗月・上岡陽江・熊谷晋一郎・松﨑 丈

### 1－序論｜当事者研究の実践
当事者研究をはじめよう............................................................(東京大学) 熊谷晋一郎

### 2－当事者研究の理念・歴史──つねに立ち返るべき参照点
当事者研究誕生の歴史............................................................(東京大学) 綾屋紗月
ダルク女性ハウスの当事者研究──多重スティグマを超える「野生の知」........(ダルク女性ハウス) 上岡陽江
強迫的・排他的な理想としての〈強い障害者像〉──介助者との関係における「私」の体験から......(京都大学) 油田優衣

### 3－当事者研究グループの立ち上げと維持──ゼロからはじめるインフラ整備
座談会｜情報保障の普遍化──クロスディスアビリティのために............綾屋紗月＋上岡陽江＋廣川麻子＋松﨑 丈
グループが生まれる──恨みとコーヒーカップ............................................(東京ダルク) 秋元恵一郎
グループを始める・続ける──場所・資金・仲間づくり........................................(自助グループ) 井上浩美
対談｜メディアと公開性──当事者がメディアを活用するために知っておきたいこと........(評論家) 荻上チキ＋(NHK) 細見明日子
グループをつなぐ──縦の系譜と横のつながり............................................(大阪ダルク) 倉田めば
自己理解ソリューションの co-design..........(オムロンソーシアルソリューションズ) 大畑真輝＋熊谷晋一郎
ウェブ空間の活用──当事者の創造を花咲かせるバーチャル空間................(New School University) 池上英子

### 4－当事者研究の実践──ここからはじめる実践メソッド
当事者研究を体験しよう！──ワークシートを用いた実践............................................(東京大学) 綾屋紗月
当事者研究ワークシート実践報告①──ダルクにおける実践..........綾屋紗月＋熊谷晋一郎＋上岡陽江
当事者研究ワークシート実践報告②──聴覚障害当事者研究における実践............(宮城教育大学) 松﨑 丈
当事者研究の公開──記録・まとめ・発表の仕方について............................................(浦河べてるの家) 伊藤知之

### 5－専門家と上手につきあうために
インクルーシブ駆動型開発モデル............................................(コロラド大学) スコット・クッファーマン
専門家にスーパーヴィジョンしてもらうタイミングと方法............(亀田医療大学) 宮本眞巳＋上岡陽江＋熊谷晋一郎
専門家のカウンセリングを利用する──タイミング・ポジショニング・コラボレーションをめぐって
............................................(原宿カウンセリングセンター) 信田さよ子

### 6－当事者研究実践のためのツールとお役立ち情報
ワークシート／リソースガイド／ブックガイド............................................(東京大学) 熊谷晋一郎

### 7－結論
当事者研究のネクストステップ............................................(東京大学) 熊谷晋一郎

※本体 2,400 円＋税

次号予告 『臨床心理学』第 19 巻第 5 号

# オープンダイアローグ
心理職のために

## 森岡正芳 [編]

### 1 － オープンダイアローグとは

オープンダイアローグ──特集にあたって_____（立命館大学）森岡正芳
心理職にオープンダイアローグをすすめる_____（筑波大学）斎藤　環
オープンダイアローグの進め方──心理支援に活かす_____（Nagoya Connect& Share）白木孝二
対話・音楽・時間──近未来から届く言葉たち_____（名古屋市立大学）野村直樹

### 2 － ダイアローグの基盤

対話の音楽性──トレバーセンによる養育者-乳幼児観察を中心に_____（札幌国際大学）中野　茂
対話する身体──生きた経験_____（東海大学）田中彰吾
リフレクティングで何が起きるのか_____（KPCL）児島達美
バフチンの対話論_____（東京外国語大学）田島充士
分類から対話へ──診断から当事者へ_____（東京大学）石原孝二

### 3 － オープンダイアローグの視点が活きる現場

オープンダイアローグによる治癒機序とは何か_____（九州大学）高松　里
オープンダイアローグの対話を支えるもの ──PCA との接点_____（追手門学院大学）永野浩二
医療チームを育てるオープンダイアローグ_____（佐賀大学）村久保雅孝
多職種協働──オープンダイアローグからの手掛かり_____（福岡市こども総合相談センター）井内かおる
対話による知の創造──問いと関係性の変化を導くものとしての対話_____（福井県立大学）山川　修
対話参加型によるリスクマネジメント_____（京都大学）矢守克也

### 4 － コラム

「私」はどこにいる?──薬剤師の世界で_____（みさと協立病院／こまば当事者研究会）松本葉子
オープンダイアローグへの期待──不幸な出会いをこれ以上，繰り返さないために_____（こまば当事者研究会）水谷みつる

### 連載

「はじめてまなぶ自閉スペクトラム症」_____（信州大学）本田秀夫

### リレー連載

「臨床心理学・最新研究レポート シーズン 3」_____（山梨大学）田中健史朗
「主題と変奏──臨床便り」_____（大阪歯科大学）久保樹里

### 書評

レナ・イェリネクほか=著『うつ病のためのメタ認知トレーニング（D-MCT）』（金子書房）_____（北海道大学）井上貴雄
法務省矯正局=編『子ども・若者が変わるとき』（矯正協会）_____（静岡少年鑑別所）小見山智彦
信田さよ子=編著『実践アディクションアプローチ』（金剛出版）_____（大阪大学）藤岡淳子
P・ワクテル=著『統合的心理療法と関係精神分析の接点』（金剛出版）_____（東邦大学）新保幸洋
神村栄一=著『不登校・ひきこもりのための行動活性化』（金剛出版）_____（明治大学）諸富祥彦

# 臨床心理学

バックナンバー！

Vol.19 No.3（通巻111号）［特集］**心理専門職必携 ピンチに学ぶスーパーヴィジョンガイド**

**1　総論：七転び八起きのスーパーヴィジョン**
　心理臨床の道は七転び八起き……………………………………………………川島ゆか

**2　ピンチはチャンス？──心理臨床家の成長**
　ケースが中断したばかりで傷ついている初心者のための十カ条 …………………東畑開人
　心理査定の誤りが発覚……そのときどうする？──協働的／治療的アセスメント ……橋本忠行
　相談場面で身の危険を感じたら？──リスクマネジメントと面接技術 ………………高橋郁絵
　「あなたに私の気持ちなんてわからない」と言われたら？──治療関係 …………上田勝久
　連携を気にしすぎて治療関係がこじれたら？──連携 …………………………楢原真也
　「問題」を抱えすぎた結果……──バーンアウトの危機と脱出 ……………………坂本由佳
　スーパーヴァイザーとの諍い ………………………………………………………堀川聡司

**3　これからの養成システムにスーパーヴィジョンをどう組み込むか**
　医療・保健領域における心理職へのスーパーヴィジョン……村上伸治・井上蓉子・三浦恭子
　大学院と教育臨床現場をつなぐこれからのスーパーヴィジョンの在り方を考える　増田健太郎
　産業・組織領域における心理臨床スーパーヴィジョン ………………………………大庭さよ
　司法・矯正領域で心理臨床家として育つということ ………………………………朝比奈牧子
　福祉領域におけるスーパーヴィジョン ……………………………………………佐藤さやか

**4　みんなこうやって成長してきた──領域横断のスーパーヴィジョン・成長論**
　スーパーヴィジョンにおける恥──失敗・修復・成長 ……………………………岩壁　茂
　領域横断の成長論 ……………………………………………………………………新保幸洋
　領域横断のスーパーヴィジョン論 ……………………………………………………平木典子
　スーパーヴィジョンについての覚え書き ……………………………………………村瀬嘉代子

## ★ 好評発売中 ★

| | |
|---|---|
| Vol.13 No.5 〈特集 スクールカウンセリングを知る〉増田健太郎・石川悦子 編 | Vol.16 No.4 〈特集 認知行動療法を使いこなす〉熊野宏昭 他 編 |
| Vol.13 No.6 〈特集 関係づくりの方法を知る〉妙木浩之・武藤 崇 編 | Vol.16 No.5 〈特集 治療的コミュニケーション〉森岡正芳 編 |
| Vol.14 No.1 〈特集 発達障害の理解と支援〉村瀬嘉代子・辻井正次 編 | Vol.16 No.6 〈特集 いじめ・自殺──被害・加害・社会の視点〉増田健太郎 編 |
| Vol.14 No.2 〈特集 社会的支援と発達障害〉森岡正芳・辻井正次 編 | Vol.17 No.1 〈特集「こんなときどうする？」にこたえる20のヒント〉 |
| Vol.14 No.3 〈特集 発達障害研究の最前線〉下山晴彦・辻井正次 編 | Vol.17 No.2 〈特集 知らないと困る倫理問題〉 |
| Vol.14 No.4 〈特集 学校教育と発達障害〉増田健太郎・辻井正次 編 | Vol.17 No.3 〈特集 心理専門職も知っておきたい精神医学・医療の現在〉 |
| Vol.14 No.5 〈特集 成人期の発達障害支援〉辻井正次・村瀬嘉代子 編 | Vol.17 No.4 〈特集 必携保存版 臨床心理学実践ガイド〉 |
| Vol.14 No.6 〈特集 発達障害を生きる〉村瀬嘉代子 他 編 | Vol.17 No.5 〈特集 レジリエンス〉 |
| Vol.15 No.1 〈特集 医療・保健領域で働く心理職のスタンダード〉下山晴彦 他 編 | Vol.17 No.6 〈特集 犯罪・非行臨床を学ぼう〉 |
| Vol.15 No.2 〈特集 学校・教育領域で働く心理職のスタンダード〉森岡正芳 他 編 | Vol.18 No.1 〈特集 もっと知りたいあなたのための認知行動療法ガイド〉 |
| Vol.15 No.3 〈特集 産業・組織領域で働く心理職のスタンダード〉下山晴彦 他 編 | Vol.18 No.2 〈特集 発達的視点を活かす〉 |
| Vol.15 No.4 〈特集 司法・矯正領域で働く心理職のスタンダード〉村瀬嘉代子 他 編 | Vol.18 No.3 〈特集 治療構造論再考〉 |
| Vol.15 No.5 〈特集 福祉領域で働く心理職のスタンダード〉村瀬嘉代子 他 編 | Vol.18 No.4 〈特集 公認心理師のための職場地図〉 |
| Vol.15 No.6 〈特集 スキルアップのための心理学スタンダード〉下山晴彦 他 編 | Vol.18 No.5 〈特集 加害と被害の関係性〉 |
| Vol.16 No.1 〈特集 発達障害のアセスメント〉下山晴彦 他 編 | Vol.18 No.6 〈特集 心理職も知らないと困る医療現場の常識〉 |
| Vol.16 No.2 〈特集 発達支援のアセスメント〉下山晴彦 他 編 | Vol.19 No.1 〈特集 生きづらさ・傷つき──変容・回復・成長〉 |
| Vol.16 No.3 〈特集 臨床的判断力〉村瀬嘉代子・岩壁 茂 編 | Vol.19 No.2 〈特集 CBT for psychosis──幻覚・妄想に対処する〉 |

✱ 欠号および各号の内容につきましては，弊社のホームページ（URL http://kongoshuppan.co.jp/）に詳細が載っております。ぜひご覧下さい。

❈ B5判・平均150頁　❈ 隔月刊（奇数月10日発売）　❈ 本誌1,600円・増刊2,400円／年間定期購読料12,000円（税別）※年間定期購読のお申し込みに限り送料弊社負担

❈ お申し込み方法　書店注文カウンターにてお申し込み下さい。ご注文の際には係員に「2001年創刊」と「書籍扱い」である旨，お申し伝え下さい。直送をご希望の方は，弊社営業部までご連絡下さい。

**Ψ 金剛出版**　〒112-0005　東京都文京区水道1-5-16　URL http://kongoshuppan.co.jp/
　　　　　　Tel. 03-3815-6661　Fax. 03-3818-6848　e-mail　kongo@kongoshuppan.co.jp

# 資　料

## 感情調整が困難な青年に対する「感情予測と問題解決のためのシステムズトレーニング(STEPPS)」短縮版の予備的検討

大久保智紗[1]・寺島　瞳[2]・山田圭介[3]・伊里綾子[4]・藤里紘子[5]・宮前光宏[5]

1) 帝京平成大学
2) 和洋女子大学
3) 東都大学
4) 国立研究開発法人量子科学技術研究開発機構
5) 国立研究開発法人国立精神・神経医療研究センター

キーワード：境界性パーソナリティ障害，感情予測と問題解決のためのシステムズトレーニング，感情調整困難，集団認知行動療法，大学生

### 臨床へのポイント

• 境界性パーソナリティ障害（BPD）に対する集団療法プログラム「感情予測と問題解決のためのシステムズトレーニング（STEPPS）」は，感情調整が困難な大学生の BPD 症状を改善する可能性がある。

• 12 回に短縮した STEPPS では，認知的再評価など，より適応的な感情調整スキルの習得を促すことで，BPD 症状の改善に寄与する可能性がある。

• STEPPS を大学生に実施する際には，実施期間，ホームワーク，重要な他者からのサポートを受けることへの抵抗感について柔軟な対応や工夫が必要である。

Japanese Journal of Clinical Psychology, 2019, Vol.19 No.4 ; 471-476
受理日——2018 年 12 月 13 日

### Ⅰ　問題と目的

感情予測と問題解決のためのシステムズトレーニング（Systems Training for Emotional Predictability and Problem Solving, 以下，STEPPS）は，境界性パーソナリティ障害（Borderline Personality Disorder, 以下，BPD）患者に対する集団療法プログラムである（Blum, St. John, Pfohl, Stuart, McCormick, Allen, Arndt, & Black, 2008）。弁証法的行動療法などの BPD に有効な認知行動療法の理論を背景に，スキルトレーニングを主としたプログラムで，①病気だと認識する，②感情とうまく付き合うためのスキル（以下，感情処理スキル），③行動とうまく付き合うためのスキル（以下，行動管理スキル）から構成される。小規模施設であっても実施でき，短期間で治療効果を上げ

られるよう進行中の治療に追加するものとして開発された（Blum, Phohl, John, Monahan, & Black, 2002）。認知行動療法の理論に通じている実践家であれば比較的簡易な訓練によって実施できること，他の BPD 治療に比べて短期間の 20 週で行えることが利点である。また，システムズ・アプローチを取り入れ，家族や友人，他の治療者など重要な他者をサポートチームメンバーにして治療の協力を得る。患者は，サポートチームメンバーに STEPPS で学んだ内容を説明したり，共通理解を得たりすることで，スキル使用が適切に強化される環境になりやすい点でも効果的である。STEPPS は，米国や欧州など多くの国々に導入され，BPD 症状や抑うつ症状の低下，ネガティブ感情経験の減少，自傷や自殺企図の減少などから有効性が示されている（Alesiani, Boccalon, Giarolli, Blum, & Fossati, 2014;

Blum et al., 2008 ; Harvey, Black, & Blum, 2010）。一方，本邦においては，筆者らが導入するために原著者らの許諾を得たうえでマニュアルの翻訳を進めてきた段階に留まる。

青年期から成人前期にあたる大学生では，診断基準を満たすレベルのBPD症状を呈する者は8.1％，サブクリニカルなレベルのBPD症状を呈する者は22.5％に上るという報告がある（Meaney, Hasking, & Reupert, 2016）。青年期のBPD症状の強さは，診断基準を満たす満たさないにかかわらず，学業成績の低さと関連し，20年後の社会生活の機能レベルや人生満足感の低さ，ソーシャルサポートの少なさなどを予測することが示されている（Winograd, Cohen, & Chen, 2008）。本邦においても，BPD症状の強い大学生は，孤独感が強かったり（重松，2005），対人面や，学業などの達成面でのネガティブな体験が多く，不快感情が強かったりと（江上，2011），対人関係や日常生活に不適応を生じやすいことが示されている。ゆえに，診断の有無にかかわらず，BPD症状を有する大学生に対する実用的で効果的な介入方法が必要である。

いくつかのBPD症状を呈していたり，感情調整に困難を抱える青年へのSTEPPSや弁証法的行動療法を応用した早期介入が，BPD症状や抑うつ症状，感情調整困難などを改善すると報告されている（Rizvi, & Steffel, 2014 ; Schuppert, Giesen-Bloo, van Gemert, Wiersema, Minderaa, Emmelkamp, & Nauta, 2009）。本邦では，山口（2016）が，感情調整と社会性に困難を抱える大学生に対して自尊心と感情コントロールの向上を目指した認知行動療法グループプログラムを試行したが，自尊心は向上したものの対処行動に変化はなかった。そこで，本研究は感情調整に困難を抱える大学生に対するSTEPPSの実施可能性と有効性を本邦において試行的に検討することを目的とした。

STEPPSは，BPDを，激しい感情を調整する能力が不足しているという感情強度障害（Emotional Intensity Disorder）として捉えなおすため，BPD診断の有無を問わずに，激しい感情を呈する青年への早期介入として導入しやすい（Hervey, Blum, Black, Burgess, & Henley-Cragg, 2014）。ただし，スキル学習では長期休みを挟むことは望ましくないため，Harvey et al.（2014）のように青年へのSTEPPS実施では学校の年間スケジュールに合わせてセッションを短縮する必要性も考えた。そこで，開発者と相談の

うえ，サポートチームメンバーの心理教育セッションは実施せず，BPD症状にうまく対処できることを学ぶ前半部分に絞って実施するSTEPPS短縮版を試行した。スキルトレーニングを感情処理スキルトレーニングに絞った短期間の実施であっても，BPD症状と感情調整の改善が見られるか検討した。

## II 方法

### 1 対象者とリクルート方法

大学の保健管理センターの主治医または担当カウンセラーにSTEPPS参加を勧められた者，保健管理センター主催の授業で「感情の不安定さに困っている人へ」という参加者募集案内を見て参加を希望した者に対して事前面接を実施した。事前面接において，緊急に治療を要する精神症状がないことを確認し，参加を希望した全ての大学生あるいは大学院生7名（男性1名，女性6名，平均年齢22.0±2.6歳）が参加した。案内時および事前面接で個人情報の取り扱いについて説明し，紙面にて同意を得た。これらの研究手続きについて筑波大学人間系研究倫理委員会（筑25-118）の承認を得た。

### 2 プログラムの概要

STEPPS第2版（Blum, Bartels, St. John, & Phohl, 2012）を原著者らの確認を得ながら，筆者ら全員で適切な訳語を検討した。短縮版は，病気だと認識する（セッション1～2），感情処理スキル（セッション3～11；原版から1セッション短縮）と，締めくくり（セッション12）で構成した（表1参照）。BPD診断を問わずに実施するために，「病気に関する気づき」は「現状への気づき」に修正した。セッションは毎週1回，2時間であった。セッション1で，3回以上の無断欠席があればSTEPPSへの参加準備が整っていないと考えられるので以降の参加はできないこと，ホームワーク（以下，HW）の実施，グループ守秘について契約を行った。毎回，症状のアセスメントに始まり，リラクセーション，HWを用いた直近1週間の振り返り，スキルの学習，HWの設定という流れで行った。また，サポートチームメンバーを1名以上選び，サポートチームメンバー用の資料を渡して，プログラムで学んだことやスキルについて情報共有することを促した。

グループファシリテーターは筆者らのうち2名が務

表1　STEPPS 短縮版のプログラム内容

| | セッション | 内容 |
|---|---|---|
| 1 | 現状への気づき | 思考や行動を変えることで激しい感情に対処できることを理解する |
| 2 | フィルター | 激しい感情と思考パターン（スキーマ）との関連を理解する |
| 3 | 距離をとる | 激しい感情状態を受け入れ，その場を離れることを習得する |
| 4～5 | 言葉にする | 自分の感情状態や考えを言葉にすることを習得する |
| 6～7 | 異議を唱える | 偏った考え（ネガティブな自動思考）への認知再構成を習得する |
| 8～9 | 気晴らしをする | 自分に合う自己静穏活動を習得する |
| 10～11 | 問題に対処する | 感情が不安定になった出来事に対する対処方法の検討を習得する |
| 12 | 締めくくり | グループの振り返りとディスカッション |

※正規プログラムでは「異議を唱える」を3セッション行い，20回目に「締めくくり」が実施される。

めた。実施にあたり，STEPPS 開発者の Blum 氏から
プログラム実施に関する事前指導を受け，プログラム
実施中にはビデオ通話でのスーパーヴィジョンとメー
ルによる指導を受けた。実施時期は X 年1月～3月
であった。

### 3　質問紙

#### 1．Quick Evaluation of Severity over Time (QuEST)

非臨床群における BPD 症状の重症度を測定する
尺度として開発された（Pfohl, & Blum, 未刊行）。
QuEST は，「思考と感情の不安定性」と「ネガティ
ブな行動」の得点と 15 を足し，「ポジティブな行動」
の得点を引くことで BPD 症状の重症度を算出する。
毎回セッション開始時に，直近1週間の BPD 症状の
重症度の自己評定を行い，その報告を求めた。

#### 2．感情調節尺度日本語版（Emotion Regulation Questionnaire, 以下，ERQ-J）

吉津・関口・雨宮（2013）によって作成され，感情
調節を再評価方略と抑制方略に分けて測定する。感情
処理スキルでは，自身の激しい感情状態と関連する思
考パターンを理解したうえで，認知再構成のトレーニ
ングを行う。ゆえに，再評価方略が増加するか検討し
た。また，抑制方略は，BPD に特徴的な衝動的で自
己破壊的な行動に関連することが示されているため
（Meaney et al., 2016），減少するか検討した。

#### 3．日本語版感情への恐れ尺度（the Affective Control Scale, 以下，ACS）

金築・金築・及川（2010）によって作成され，怒り・
ポジティブ感情・抑うつ・不安への恐れを測定する。

自己の感情への恐れは感情調整の困難さと関連するこ
と（金築他，2010），BPD 症状の強さに影響すること
が示されているため（Sauer, & Baer, 2009），感情へ
の恐れが低下するか検討した。

なお，ERQ-J と ACS への回答はセッション1の開
始前（pre）と，最終セッション終了後（post）に求めた。

#### 4．グループ評価

STEPPS によって自分に変化があったか，STEPPS
で扱われた内容・ワークブック・グループ・ファシリ
テーター・サポートチームメンバーが役に立ったか，
またそれらの改善点などについて自由記述を求めた。

### III　結果

#### 1　統計的結果

参加者の参加回数は 12 回中8～11 回（中央値9,
2名には1回のビデオ通話での参加があり，それも含
めた）であった。参加者7名のうち最終セッションに
直接参加しなかった3名には，質問紙への回答と返信
用封筒による送付を依頼したが，2名からは返送がな
かったため，以降の分析は5名に対して行った（参加
回数の中央値9，範囲8～11）。なお，参加回数と，
QuEST 得点，ERQ-J および ACS の各下位尺度の変
化について Spearman の順位相関係数を算出したが，
いずれも有意ではなかった。

STEPPS による効果を検討するため，測定時期を独
立変数，QuEST 得点，ERQ-J および ACS の各下位
尺度を従属変数とした Wilcoxon の符号付順位検定を
行った（表2）。その結果，QuEST 得点は，STEPPS
開始前より終了後のほうが有意に低下した（$Z=-$
2.02, $p<.05$）。ERQ-J は再評価方略のみ STEPPS 開始
前より終了後のほうが高い傾向があった（$Z=-1.75,$

資　料

表2　STEPPS 実施前後の参加者の QuEST・ERQ-J・ACS の結果

| | | A | B | C | D | E | 中央値 | z |
|---|---|---|---|---|---|---|---|---|
| | | | | 参加者 | | | | |
| QuEST | Session 1 | 44.00 | 60.00 | 51.00 | 48.00 | 35.00 | 48.00 | − 2.02 * |
| | Session 12 | 39.00 | 23.00 | 33.00 | 19.00 | 24.00 | 24.00 | |
| ERQ-J | | | | | | | | |
| 　再評価 | pre | 3.33 | 3.17 | 2.50 | 3.17 | 2.17 | 3.17 | − 1.75 † |
| | post | 5.67 | 4.67 | 3.67 | 2.83 | 5.00 | 4.67 | |
| 　抑制 | pre | 2.50 | 2.75 | 4.00 | 2.50 | 2.50 | 2.75 | 0.00 |
| | post | 3.25 | 3.00 | 5.00 | 1.75 | 1.25 | 3.00 | |
| ACS | | | | | | | | |
| 　怒り | pre | 5.13 | 4.50 | 3.88 | 3.38 | 4.75 | 4.75 | 0.00 |
| | post | 4.38 | 3.50 | 5.13 | 4.13 | 4.38 | 4.38 | |
| 　ポジティブ感情 | pre | 4.62 | 4.08 | 2.62 | 3.23 | 3.31 | 4.08 | 0.00 |
| | post | 3.77 | 3.31 | 3.39 | 4.69 | 2.69 | 3.38 | |
| 　抑うつ | pre | 5.38 | 6.00 | 6.38 | 4.75 | 6.38 | 6.00 | − 1.21 |
| | post | 3.50 | 5.00 | 6.50 | 5.13 | 5.13 | 5.13 | |
| 　不安 | pre | 4.38 | 5.38 | 4.54 | 4.00 | 4.77 | 4.54 | − 0.94 |
| | post | 4.00 | 4.15 | 4.85 | 4.46 | 4.00 | 4.15 | |

\* $p < .05$, † $p < .10$

注）QuEST = Quick Evaluation of Severity over Time；ERQ-J = 感情調整尺度日本語版；ACS = 日本語版感情への恐れ尺度。ERQ-J と ACS は下位尺度の合計得点を項目数で割った値を記載。

$p<.10$）。なお，ACS の下位尺度についてはいずれも有意差が認められなかった。

## ２　個別のグループ評価

STEPPS のプログラム内容については，「感受性を失うこともなくうまく付き合えるものになりそうである」「負の感情を持ってしまうのは悪いことではなく自分の特性だと考えたら楽になった」「感情コントロールは一朝一夕に習得できるものではないとわかった」といった記述があった。ワークブックや HW については，「具体的な分析の材料になった。適度に量があると落ち込んでいるときのよい仕事になった」という評価がある一方，「問題への対処はやることが多くて大変だった」「あまり役に立たなかった」という評価もあった。

グループについては，「自分の体験やアイデアが他者に活かせたり，話したりすることで印象が変わることがあった。皆丁寧に聞いてくれてありがたかった」「自分の代わりに異議を唱えてもらえたときだいぶ楽になった」という記述があった。

サポートチームメンバーについては，「外部の人間を巻き込めない」という抵抗感がある一方で，「対処

しているのだと具体的に説明できた」「客観的に自分を見てもらえる」と共通理解を得られやすいようだった。その他，実施時期が大学暦の長期休暇期間であったことへの不満，ファシリテーターに対する肯定的な評価が書かれた。

## Ⅳ　考察

本研究の目的は，感情調整に困難を抱える大学生を対象に，感情処理スキルトレーニングに絞って実施する STEPPS 短縮版の実施可能性と有効性を検討することであった。まず，BPD 症状の重症度を測定する QuEST の得点は，実施前に比べて，実施後で低下したことから，12 回という比較的短期間の感情処理スキルのトレーニングによっても BPD 症状は改善する可能性が示唆された。また，ERQ-J の得点からは，感情調整の抑制方略に変化はなかったが，再評価方略に効果がある可能性が示された。STEPPS では，感情強度記録シートを用いて，一貫して自身の激しい感情と，思考や行動との関連を振り返り，セッション 6 以降ではネガティブな自動思考の再構成を試みる。その効果によると考えられる。

BPD 症状の強さや感情調整の困難との関連が示さ

れている感情への恐れについては変化が見られなかった。BPD 患者への STEPPS の効果として，症状や行動面の改善等は一貫して見られるが（Blum et al., 2002, 2008 ; Harvey et al., 2010），スキーマの変化が見られないことから，STEPPS はより効果的な感情調整スキルの習得を促すものである可能性が指摘されている（Alesiani et al., 2014）。本研究からも，比較的短期的に行う STEPPS プログラムは，認知的再評価など感情に対するより適応的な感情調整スキルの習得を促すことで，BPD 症状の改善に寄与している可能性が考えられる。

　次に，STEPPS の大学生への実施可能性についてである。参加者全員が無断欠席なく，12 回中 8 ～ 11 回参加しており，STEPPS グループが大学生にとって参加する意義のあるものだったと言える。今回，大学暦の長期休暇期間の実施であったことに不満があり，授業期間での実施が参加しやすさにつながるだろう。ただし，参加維持のため，HW とサポートチームメンバーに関して柔軟に扱った。HW については，参加者が実施していないこともあった。特に，セッションが進み，スキルが増えるごとに HW の分量が増えるため，セッション 10 以降は特に「やることが多くて大変だった」という感想もあった。それに対して，ファシリテーターは HW をすることの大変さを受け止め，実施を促すに留めた。Harvey et al.（2014）も青年が HW をしてくることの難しさと，HW の確認を省くといった柔軟な対応の必要性に言及している。次に，サポートチームメンバーについてである。活用した者からは肯定的な評価を得たが，他の治療者がいなかったり，頼れる家族や友人が近くにいなかったりするなど，現実的な制約から抵抗感を示す者もいた。今後，HW を実施した程度や，サポートチームメンバーの協力が，感情調整や BPD 症状の改善にどの程度寄与するかについて検証し，HW の適度な量や実施の工夫，サポートチームメンバーの協力を得やすい工夫などの検討が必要だろう。

　本研究から，スキルトレーニングを感情処理スキルに絞って実施する STEPPS 短縮版の大学生に対する実施可能性と，感情調整のための再評価方略の使用を強化し BPD 症状軽減する可能性が示された。しかしながら，実用性を高める工夫が必要であること，有効性に関してはサンプルサイズが小さく，対照群を置かない単群による検討であることに課題があり，さらなる検討が必要である。

## ▶付記

　本研究は，筑波大学の革新的教育プロジェクトの助成を受けて実施された。

## ▶文献

Alesiani, R., Boccalon, S., Giarolli, L., Blum, N., & Fossati, A. (2014). Systems Training for Emotional Predictability and Problem Solving (STEPPS): Program efficacy and personality features as predictors of drop-out—an Italian study. *Comprehensive Psychiatry*, 55, 920-927.

Blum, N., Pfohl, B., St. John, D.S., Monahan, P., & Black, D.W. (2002). STEPPS : A cognitive-behavioral systems-based group treatment for outpatients with borderline personality disorder—a preliminary report. *Comprehensive Psychiatry*, 43(4), 301-310.

Blum, N., St. John, D., Pfohl, B., Stuart, S., McCormick, B., Allen, J., Arndt, S., & Black, D.W. (2008). Systems Training for Emotional Predictability and Problem Solving (STEPPS) for outpatient clients with borderline personality disorder : A randomized controlled trial and 1-year follow-up. *American Journal of Psychiatry*, 165, 468-478.

Blum, N., Bartels, N., St. John, D., & Pfohl, B. (2012). *STEPPS : Systems training for emotional predictability and problem solving*. 2nd ed. Coralville, IA : Level One Publishing.

江上奈美子（2011）．大学生における境界例心性がライフイベントおよび不快・快感情に及ぼす影響　パーソナリティ研究, 20, 21-31.

Harvey, R., Black, D.W., & Blum, N. (2010). Systems Training for Emotional Predictability and Problem Solving (STEPPS) in the United Kingdom : A preliminary report. *Journal of Contemporary Psychotherapy*, 40, 225-232.

Harvey, R., Blum, N., Black, B.W., Burgess, J., & Henley-Cragg, P. (2014). Systems Training for Emotional Predictability and Problem Solving (STEPPS). In C. Sharp, & J.L. Tackett (Eds.), *Handbook of borderline personality disorder in children and adolescents*. New York : Springer-Verlag. pp.415-429.

Meaney, R., Hasking, P., & Reupert, A. (2016). Borderline personality disorder symptoms in college students : The complex interplay between alexithymia, emotional dysregulation and rumination. *PLOS ONE*, 11, e0157294.

金築　優・金築智美・及川　昌（2010）．感情への恐れとストレス反応の関連性　―日本語版 Affective Control Scale の作成を通して―　感情心理学研究, 18, 42-50.

Rizvi, S.L., & Steffel, L.M. (2014). A pilot study of 2 brief forms of dialectical behavior therapy skills training for emotion dysregulation in college students. *Journal of American College Health*, 62, 434-439.

Sauer, S.E., & Baer, R.A. (2009). Relationships between thought suppression and symptoms of borderline personality disorder. *Journal of Personality Disorders*, 23, 48-61.

Schuppert, H.M., Giesen-Bloo, J., van Gemert, T.G., Wiersema, H.M., Minderaa, R.B., Emmelkamp, P.M.G., & Nauta, M.H. (2009). Effectiveness of an emotion regulation group training for adolescents : A randomized controlled pilot study. *Clinical Psychology and Psychotherapy*, 16, 467-478.

重松晴美（2005）．青年期における孤独感および内的対象の想起に関する研究　心理臨床学研究，22，659-664.

山口正寛（2016）．感情調整と社会性に困難を抱える大学生を対象とした心理教育による集団介入の試み　学校メンタルヘルス，19，81-90.

吉津　潤・関口理久子・雨宮俊彦（2013）．感情調節尺度（Emotion Regulation Questionnaire : ERQ）日本語版の作成　感情心理学研究，20，56-62.

Winograd, G., Cohen, P., & Chen, H. (2008). Adolescent borderline symptoms in the community : Prognosis for functioning over 20 years. *The Journal of Child Psychology and Psychiatry*, 49, 933-941.

---

## Pilot Study of Systems Training for Emotional Predictability and Problem Solving (STEPPS) Short Version for Adolescents with Emotion Dysregulation in Japan

Chisa Okubo [1], Hitomi Terashima [2], Keisuke Yamada [3], Ayako Isato [4], Hiroko Fujisato [5], Mitsuhiro Miyama [5]

1) Teikyo Heisei University
2) Wayo Women's University
3) TOHTO University
4) National Institutes for Quantum and Radiological Science and Technology
5) National Center for Neurology and Psychiatry

---

*Keywords* : borderline personality disorder, Systems Training for Emotional Predictability and Problem Solving, emotion dysregulation, group cognitive behavior therapy, university student

# 実践研究論文の投稿のお誘い

『臨床心理学』誌の投稿欄は，臨床心理学における実践研究の発展を目指しています。一人でも多くの臨床家が研究活動に関わり，対象や臨床現場に合った多様な研究方法が開発・発展され，研究の質が高まることで，臨床心理学における「エビデンス」について活発な議論が展開されることを望んでいます。そして，研究から得られた知見が臨床家だけでなく，対人援助に関わる人たちの役に立ち，そして政策にも影響を与えるように社会的な有用性をもつことがさらに大きな目標になります。本誌投稿欄では，読者とともに臨床心理学の将来を作っていくための場となるように，数多くの優れた研究と実践の取り組みを紹介していきます。

本誌投稿欄では，臨床心理学の実践活動に関わる論文の投稿を受け付けています。実践研究という場合，実践の場である臨床現場で集めたデータを対象としていること，実践活動そのものを対象としていること，実践活動に役立つ基礎的研究などを広く含みます。また，臨床心理学的介入の効果，プロセス，実践家の訓練と職業的成長，心理的支援活動のあり方など，臨床心理学実践のすべての側面を含みます。

論文は，以下の5区分の種別を対象とします。

| 論文種別 | 規定枚数 |
|---|---|
| ①原著論文 | 40 枚 |
| ②理論・研究法論文 | 40 枚 |
| ③系統的事例研究論文 | 40 枚 |
| ④展望・レビュー論文 | 40 枚 |
| ⑤資料論文 | 20 枚 |

①「原著論文」と⑤「資料論文」は，系統的な方法に基づいた研究論文が対象となります。明確な研究計画を立てたうえで，心理学の研究方法に沿って実施された研究に基づいた論文です。新たに，臨床理論および研究方法を紹介する，②「理論・研究法論文」も投稿の対象として加えました。ここには，新たな臨床概念，介入技法，研究方法，訓練方法の紹介，論争となるトピックに関する検討が含まれます。理論家，臨床家，研究者，訓練者に刺激を与える実践と関連するテーマに関して具体例を通して解説する論文を広く含みます。④「展望・レビュー論文」は，テーマとなる事柄に関して，幅広く系統的な先行研究のレビューに基づいて論を展開し，重要な研究領域や臨床的問題を具体的に示すことが期待されます。

③「系統的事例研究論文」については，単なる実施事例の報告ではなく，以下の基準を満たしていることが必要です。

①当該事例が選ばれた理由・意義が明確である，新たな知見を提供する，これまでの通説の反証となる，特異な事例として注目に値する，事例研究以外の方法では接近できない（または事例研究法によってはじめて接近が可能になる），などの根拠が明確である。
②適切な先行研究のレビューがなされており，研究の背景が明確に示される。
③データ収集および分析が系統的な方法に導かれており，その分析プロセスに関する信憑性が示される。
④できる限り，クライエントの改善に関して客観的な指標を示す。

本誌投稿欄は，厳格な査読システムをとっています。査読委員長または査読副委員長が，投稿論文のテーマおよび方法からふさわしい査読者2名を指名し，それぞれが独立して査読を行います。査読者は，査読委員およびその分野において顕著な研究業績をもつ研究者に依頼します。投稿者の氏名，所属に関する情報は排除し，匿名性を維持し，独立性があり，公平で迅速な査読審査を目指しています。

投稿論文で発表される研究は，投稿者の所属団体の倫理規定に基づいて，協力者・参加者のプライバシーと人権の保護に十分に配慮したうえで実施されたことを示してください。所属機関または研究実施機関において倫理審査，またはそれに代わる審査を受け，承認を受けていることを原則とします。

本誌は，第9巻第1号より，基礎的な研究に加えて，臨床心理学にとどまらず，教育，発達実践，社会実践も含めた「従来の慣習にとらわれない発想」の論文の募集を始めました。このたび，より多くの方々から投稿していただけるように，さらに投稿論文の幅を広げました。世界的にエビデンスを重視する動きがあるなかで，さまざまな研究方法の可能性を検討し，研究対象も広げていくことが，日本においても急務です。そのために日本の実践家や研究者が，成果を発表する場所を作り，活発に議論できることを祈念しております。

（査読委員長：岩壁　茂）（2017年3月10日改訂）

# 新刊案内

**Ψ 金剛出版**　〒112-0005　東京都文京区水道1-5-16　Tel. 03-3815-6661　Fax. 03-3818-6848
e-mail eigyo@kongoshuppan.co.jp　URL http://kongoshuppan.co.jp/

## 不登校・ひきこもりのための行動活性化
子どもと若者の"心のエネルギー"がみるみる溜まる認知行動療法
［著］神村栄一

子どもと若者の「心のエネルギー」をためるにはどうしたらいいのか？　キーワードは「行動活性化」だった！　「行動活性化」といっても，何をすればいいのかよくわからない。そのような方にも，現場ですぐに実践できる具体的な方法を提示する。教師・スクールカウンセラーなど，日々学校で数多くの子どもたちを見ている方々へオススメの一冊。　本体2,800円＋税

## 保護者と先生のための応用行動分析入門ハンドブック
子どもの行動を「ありのまま観る」ために
［監修］井上雅彦　［著］三田地真実　岡村章司

子どもを，先入観なく客観的に観ていくことはとても難しい。本書で解説する応用行動分析を活用することで，その子の気になるところや悪い部分ばかりでなく，「良いところ」「きちんと行動できている部分」に目が向けられるようになる。すぐにすべてができなくても，1つずつステップを続けていけば，子どもの良い面をさらに延ばしていくことができるだろう。子どもの気になる行動に困っている教師・親御さんにお勧めの一冊。　本体2,600円＋税

## クライエントの言葉をひきだす認知療法の「問う力」
ソクラテス的手法を使いこなす
［編］石垣琢麿　山本貢司　［著］東京駒場CBT研究会

クライエントにちゃんと「質問」できてる？――認知療法の経験豊富な中堅臨床家たちが，ソクラテス的手法を詳細に解説したオーバーホルザーの論文と，短期認知療法への適合性に関するサフラン＆シーガルの論文をもとに，認知療法における「問う力」（質問力）を包括的かつ実践的に解説。認知療法の初学者には先輩からの「紙上後輩指導」として，すでに認知療法を実践されている方には過去の面接を振り返り，自身の「問う力」を再分析・再検討するのに最適な一冊！　本体2,800円＋税

連続講座

Serial Lecture
Introduction to Autism Spectrum Disorder
**Hideo Honda**

# はじめてまなぶ 自閉スペクトラム症

信州大学医学部
## 本田秀夫

[第5回] **自閉スペクトラム症に対する地域支援システム**

## I システム化の意義

　自閉スペクトラム症（ASD）の支援は，乳幼児期から老年期にいたるまで一貫した方針のもとで行われるべきであり，医療，保健，福祉，教育，労働の密な連携による包括的なコミュニティケアのシステムづくりが求められる。

　Von Bertalanffy（1968）によれば，システムとは相互に作用する要素の複合体と規定できる。単なる個の寄せ集めは，システムとはいわない。それぞれの要素が相互に作用しあいながら，複合体全体で何らかの機能を発揮するのがシステムである。

　現代の臨床においては，個人の専門家がひとりですべてを行って完結できる領域はほとんどなく，その意味ではどのような分野にも多少なりともシステムが存在する。しかし，なかでもASDの人たちおよびその家族の支援には，実に多くの領域からさまざまな職種が関与する。しかも，関与する領域の比重を変えながら長期にわたって支援が継続される。そのため臨床の対象として，システム思考を最も必要とする領域のひとつといえる。臨床におけるさまざまな機能をサブシステムとして位置づけ，それらが有機的に結びついて，

ひとつの集合体としての治療環境を提供する，そのようなシステムをコミュニティのなかにつくっていくことが重要である（本田，2010）。

　システムの骨格となるシステム・モデルは，システムづくりの要であり，実用に耐えるモデルを考案できるかどうかがシステムづくりの成否を決定するといっても過言ではない。目的の明確な機能，それを担うサブシステム，サブシステム同士の関係がそれぞれ明示された，シンプルで柔軟性のあるモデルであることが望ましい。

　基幹をなすサブシステムを担う部署と人材の確保も必要条件に含められる。システム・モデルづくりを現場主導で行う際には，実際の臨床現場の実情に即してどのサブシステムを既存のどの部署が担うのか，あるいは新設すべき部門や事業はあるのかどうか，といった検討を並行して行うと効率的である。

　臨床のためのシステムづくりでは，構成する要素を担う職種や部署が多岐にわたる場合が多い。したがって，こうした職種や部署間の関係をどのように規定するのかもシステム・モデルにおいて明示される必要がある。わが国のように縦割り行政が顕著な場合，職種間や部署間の関係については「連携が必要」と記されるにとどまり，実際の

運用は現場に丸投げされてしまうことがしばしばある。しかしながら，サブシステム同士の関係を規定し，円滑なコミュニケーションを図るための部門あるいは仕組みを明記することが，システムづくりの成功の鍵となる。

これらの必要条件が揃うことによって，システム化が促進される。逆に，システム化が滞るとすれば，これらの条件のうちのどれかが欠けている可能性がある。

## II チーム・アプローチのあり方

臨床のシステムを実際に稼動させる際には，チーム・アプローチが不可欠である。チーム・アプローチの枠組みについては，リハビリテーション医学で提唱された臨床におけるチーム・アプローチの3つのあり方が参考になる（Royal College of Physicians and British Society of Rehabilitation Medicine, 2003）。

多職種参加型チーム（multidisciplinary team）は，領域の異なる複数のチーム・メンバーが，それぞれ相互の関係をもたず，ほぼ独立かつ別々にクライエントに関わるアプローチである。個々のスタッフは，自分の専門領域に職務が限定され，他のスタッフの領域には関わらない。このため，クライエント側からすると，方針のばらつきがみられ，対応もれの領域が残されるなどの問題が生じやすい。

多職種協業型チーム（interdisciplinary team）は，チーム・メンバーが相互に連絡を取りながらクライエントに関わるアプローチである。複数の異なる職種のスタッフが別々に関わるところは多職種参加型チームと同様であるが，定期的なミーティングやカンファレンスなどによってスタッフ同士がコミュニケーションを取り，役割分担を確認するところが異なる。これにより，一貫した方針で，対応もれを生じることなく支援することが可能となる。

超職種型チーム（transdisciplinary team）は，クライエントもチームの一員であるとみなすこと

と，クライエントに関わるキーパーソンを明確にし，そのキーパーソンがほとんどの領域を担うことを特徴とする。他職種は，そのクライエントの支援に必要な専門知識や技術をキーパーソンとなるスタッフに助言することによって間接支援する。クライエントに直接関わるスタッフが絞られるため，アクセシビリティが良く，方針の一貫性がより高まり，個別性の高い支援が可能となる。

ASD を含む発達障害の子どもとその家族の支援を行うチームのなかでの医療の役割は，本人および家族に対する直接の医学的支援と，他領域に対する間接的支援である。診療では，子どもの診断と評価に関する検索を進めると同時に家族への啓発および心理的支援を行う。さらに，ライフステージの節目ごとの方針立案およびモニタリングを行う。一般の医療においてもチーム・アプローチは重要であるが，一般の医療に比して ASD の支援における医療の役割は，とくに治療のプロセスに関してもっぱら脇役となるという点が大きく異なる。

## III システム図と地域診断

地域支援システムをつくるには，事前に基本的なシステム図を描いておく必要がある。その際，具体的な支援の場をサブシステムとして想定するだけでなく，それらをどのような関係でつなぎ，連携させるかも意識しておかなければならない。

縦割りの組織で構成されるわが国の公的サービスでは，連携が保障されにくい。行政が描くいわゆる「ポンチ絵」は，往々にして組織中心の構図となっている。組織は四角や丸などの図形として描かれ，図形のなかに名称が書かれている。しかし，連携はベクトルのように矢印1本で，横に「連携」の文字が添え書きされているだけであることが多い。行政において連携は，誰がどこの場で行うかが明示されないままに，現場の実務担当者の誰かが自主的に行うことを期待されているのが現状である。地域システムづくりにおいて本気で連携を考えるのであれば，システム図のなかで，ベ

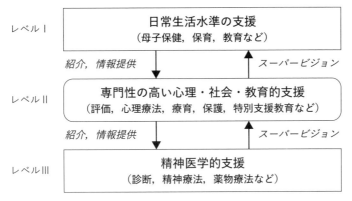

図1 地域精神保健の3階層モデル

クトルでなく四角や丸といった面積のある図形として連携を記載するとともに、どのような法制度上の根拠に基づいた何という事業で、どの組織あるいは職種が担うのかを明記し、連携という機能を専属で担う人を配置しなければならない。

横浜市で発達障害のシステムづくりを行ってきた筆者らは、発達障害の人たちへの早期発見から早期支援につなぐコミュニティケアのシステム・モデルを考案し、「DISCOVERY」という呼称をつけた（本田，2009）。一貫した支援を保証するために、「発見」と「診断」との間、および「診断」と「療育」との間にインターフェイスを設置し、連携の円滑化、緊密化を固有の役割とした。幼児期では、診断と評価が未確定である、療育への親の動機づけが難しいなどの理由で、診断から療育へのスムーズな移行が困難であることがしばしばある。そこで、早期介入を2つのステップに分け、診断・評価の精緻化と親への動機づけを目的とした短期間の療育の場を「オリエンテーション・プログラム」として初診の後に設置している（Honda & Shimizu, 2002；清水・本田，2012）。さらに、子ども向けの早期療育のほかに保護者支援に重点を置いたプログラム、幼稚園や保育所のインクルージョンをメインとする子どもたちと、その場となる園を対象としたインクルージョン強化支援プログラムを開発し、これをインクルージョンの場との共時的インターフェイスとして位置づけた。

発達障害の早期支援の対象を必ずしも医療が必要ではないケースにまで広げるとすると、医療モデルのみで対応することは合理的でない。そこで筆者は、「日常生活水準の支援」（「レベルI」），「専門性の高い心理・社会・教育的支援」（「レベルII」），「精神医学的支援」（「レベルIII」）からなる3階層モデルによる支援システムづくりを提唱した（図1／本田，2012）。レベルIの支援を担うのは、乳幼児期であれば市町村の母子保健や保育・幼児教育であり、レベルIIIの支援を担うのは、児童精神科の医療機関である。専門的支援に関する現場の主役は多くの場合、レベルIIの支援であり、これを担うべき機関やスタッフを特定したシステムづくりが必要である。

これらの考え方をもとに、筆者は地域における支援システムを図示するための雛形を作成し（図2），それをもとに地域診断ツールを作成して、「発達障害の地域支援システムの簡易構造評価：Quick Structural Assessment of Community Care System for neurodevelopmental disorders (Q-SACCS)」と名づけた（図3／本田ほか，2017）。Q-SACCSは、基本的なサブシステムを角丸長方形、インターフェイスを楕円として設定し、中を空白にして自由に書き込めるようにしたものである。記入方法については、以下の通りとした。

連続講座　はじめてまなぶ自閉スペクトラム症

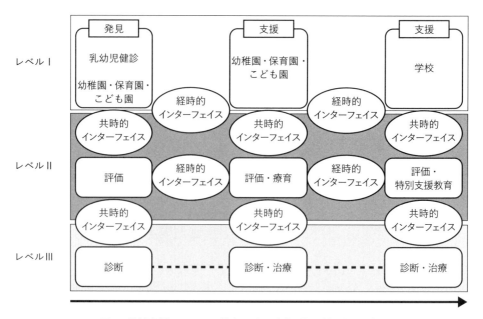

図2　地域支援システムの基本モデル（幼児期〜学童期の例）

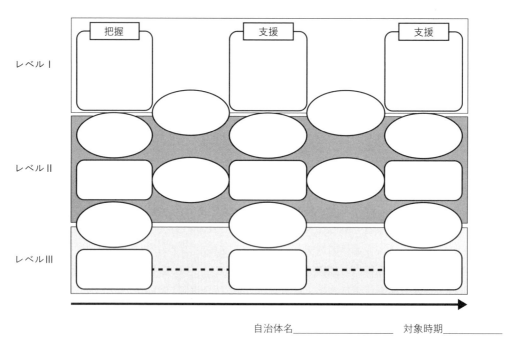

図3　発達障害の地域支援システムの簡易構造評価（Q-SACCS）

①角丸長方形のなかには，「把握」や「支援」など
の機能を担う機関などの具体的な名称を記入する
（複数可）。
②楕円の枠内には，つなぎ（紹介，引き継ぎ，カン
ファレンス，スーパーヴィジョンなどの連携）の
機能を担う機関，会議，事業，職種などの具体的
な名称を記入する（複数可）。
③「レベルⅠ」は，障害の有無を問わず受けること
のできるサービス（子どもの場合，「乳幼児健診」
「幼稚園，保育園，認定こども園」「小学校」など）
を記入する。
④「レベルⅡ」は，専門性の高い心理・社会・教育
的支援のサービス（子どもの場合，「発達支援室」
「療育センター」「児童発達支援センター」「放課
後等デイサービス」など）を記入する。
⑤「レベルⅢ」は，発達障害の診断や治療などの
医学的サービス（病院やクリニックなど）を記入
する。

## Ⅳ　地域特性に応じた地域システムづくり

　システム・モデルの原理に汎用性があっても，
それを各地域で実現するためには具体策が必要で
あり，そのためには地域の特性を十分に分析しな
ければならない。人口規模，自治体の経済状態，
住民の社会経済階層，専門の支援者を養成する教
育機関の有無などのさまざまな要因によって，具
体策には共通点と相違点が生じてくるかもしれな
い。

　平成25〜27年度に実施された厚生労働科学研
究費補助金「発達障害児とその家族に対する地域
特性に応じた継続的な支援の実施と評価」（研究
代表者：本田秀夫）では，特性の異なるいくつか
の地方自治体を選び，地域の特性に応じた発達障
害の支援システムの現状を調査した。最終年度に
作成された「提言」では，政令指定都市，中核市・
特例市・特別区，小規模市，小規模町村に分けて，
それぞれの人口規模に応じた発達障害の早期支援
体制のあり方を提示している（発達障害情報・支
援センターのウェブサイトに別途アップロードさ
れているので，参照されたい）。

　多くの政令指定都市や中核市では，法定の福祉
施設である「児童発達支援センター」を拠点とし
た早期療育を行うとともに，診療や地域連携を
行っているところが多い。このような施設があれ
ば，専門家をそこに集約させて発達障害の特性に
特化した専門的な早期療育を保障することができ
る。一方，このようなやり方をとる場合の課題と
しては，福祉施設が基盤であることから定員が設
けられているため，多くの都市で療育サービスを
受けられない子どもたちが出ていることである。
施設サービスを中心としたシステムの場合，定員
オーバーした子どもたちへの対策が逆にきわめて
手薄になってしまう恐れがある。また，診療所機
能をもつと，逆にすべてのケースに対して診断が
なされることを前提とした，いわゆる「医療モデ
ル」の支援システムに偏るため，発達特性があっ
ても診断の必要まではないケースが支援の対象か
ら外れてしまう。

　一方，本格的な専門施設を作ることが難しい小
規模自治体の場合，中度〜重度の知的障害の子ど
もたちを受け入れる単独の児童発達センターすら
ない場合も多い。そこで，知的障害のない発達障
害のケースに対しては，市町村の保健師と地域の
医療機関が連携しながら発見と診断を行い，地域
の幼稚園・保育園でインクルージョンしていくし
か方法がない。そこで，地域の幼稚園・保育園が
インクルージョンを強化できるよう支援していく
ためのプログラムが必要となる。また，各市町村
のそれぞれに高度な専門性のある機関を設置する
ことは困難であるため，県（圏域）の基幹となる
センターを設置するなどの工夫も必要となる。た
とえば，発達障害者支援センターと医療機関など
をうまく結びつけて，複数の市町村からなる担当
地域を設定して対応するなどの方法が，各都道府
県で工夫されている。

▶文献

本田秀夫(2009)広汎性発達障害の早期介入―コミュニティ
　ケアの汎用システム・モデル. 精神科治療学 24 ; 1203-

1210.

本田秀夫（2010）ASD の子どもの支援におけるチーム・アプローチ．Monthly Book Medical Rehabilitation 125；43-47.

本田秀夫（2012）発達障害の早期発見・早期療育システム—地域によらない基本原理と地域特異性への配慮．そだちの科学 18；2-8.

本田秀夫（研究代表者）（2016）提言 発達障害児とその家族に対する地域特性に応じた継続的な支援のあり方．厚生労働科学研究費補助金（障害者対策総合研究事業（身体・知的等障害分野））「発達障害児とその家族に対する地域特性に応じた継続的な支援の実施と評価」（http://www.rehab.go.jp/ddis/%E6%97%A5%E6%9C%AC%E3%81%AE%E5%8F%96%E3%82%8A%E7%B5%84%E3%81%BF%E3%83%BB%E4%B8%96%E7%95%8C%E3%81%AE%E5%8B%95%E3%81%8D/%E6%97%A5%E6%9C%AC%E3%81%AE%E5%8F%96%E3%82%8A%E7%B5%84%E3%81%BF/%E8%87%AA%E6%B2%BB%E4%BD%93%E3%81%AB%E3%81%8A%E3%81%91%E3%82%8B%E7%99%BA%E9%81%94%E9%9A%9C%E5%AE%B3%E6%94%AF%E6%8F%B4%E4%BD%93%E5%88%B6/［2019 年 6 月 19 日閲覧］）

Honda H & Shimizu Y（2002）Early intervention system for preschool children with autism in the community : The DISCOVERY approach in Yokohama, Japan. Autism 6 ; 239-257.

本田秀夫，篠山大明，樋端佑樹（2017）発達障害児者等の支援体制を評価するための「地域評価ツール」の作成と試行．厚生労働科学研究費補助金障害者政策総合研究事業（身体・知的等障害分野）—発達障害児者等の地域特性に応じた支援ニーズとサービス利用の実態の把握と支援内容に関する研究（平成 28 年度総括・分担研究報告書（H28 −身体・知的−一般− 001）），pp.249-258.

Royal College of Physicians and British Society of Rehabilitation Medicine（2003）Rehabilitation following acquired brain injury : National clinical guidelines（Turner-Stokes L（Ed.））. London : RCP, BSRM.

清水康夫，本田秀夫 編著（2012）幼児期の理解と支援—早期発見と早期からの支援のために．金子書房．

Von Bertalanffy L（1968）General System Theory : Foundations, Development, Applications. New York : George Braziller.（長野敬，太田邦昌 訳（1973）一般システム理論．みすず書房）

臨床心理学 ＊ 最新研究レポート シーズン3
*THE NEWEST RESEARCH REPORT SEASON 3*

第**17**回

# 認知症患者の介入前の認知機能と脳容積から非薬物療法の効果を予測する

Tabei K, Satoh M, Ogawa J, Tokita T, Nakaguchi N, Nakao K, Kida H & Tomimoto H（2018）Cognitive function and brain atrophy predict non-pharmacological efficacy in dementia : The Mihama-Kiho Scan Project 2. Frontiers in Aging Neuroscience 10 ; 87. doi:10.3389/fnagi.2018.00087

田部井賢一 *Ken-ichi Tabei*
［産業技術大学院大学］

## I 認知症の現状とその原因疾患

　世界の認知症患者は 2015 年に 4,680 万人であり，2050 年には 1 億 3,150 万人に達する（Prince et al., 2015）。日本では 65 歳以上の 10 人に 1 人，85 歳以上では 3 ～ 4 人に 1 人が認知症である。また，認知症までには至らないが，記憶などの認知機能の低下が年齢相応以上に認められる状態である軽度認知障害の有病率は，65 歳以上の高齢者で 15 ～ 25％とされる。車の運転による事故，徘徊，介護負担など，認知症は現代社会の深刻な問題のひとつである。

　認知症は，通常，慢性あるいは進行性の脳疾患によって生じ，記憶，思考，見当識，理解，計算，学習，言語，判断など多数の高次脳機能障害からなる症候群である。認知症は症候群であるため，原因疾患はさまざまである。認知症は，一度正常に達した認知機能が後天的な脳の障害によって持続的に低下する（中島ほか，2013）という点で，発達障害とは異なる。通常の加齢によっても高次機能障害は生じるが，認知症ではもの忘れをしている自覚がなく，日常生活に支障が生じる点が異なる。

　認知症の症状は，中核症状と行動・心理症状（Behavioral and Psychological Symptoms of Dementia : BPSD）に分けることができる。中核症状は，脳の障害により起こる症状であり，新しいことが覚えられなくなる記憶障害，時間，場所，人物などの周囲の状況を正しく認識できなくなる見当識障害，計画を実行することができなくなる遂行機能障害などがある。一方，行動・心理症状は，中核症状に付随して引き起こされる二次的な症状で，不眠，徘徊，幻覚，妄想などがある。行動・心理症状は，中核症状よりも介護者の負担の原因となる場合が多い。

　認知症は，脳実質の変性によって起こる変性性認知症と，脳血管の障害によって起こる血管性認知症の 2 つに分けることができるが，『認知症疾患診療ガイドライン 2017』（日本神経学会，2017）には，Alzheimer 型認知症，Lewy 小体型認知症，前頭側頭葉変性症，進行型核上性麻痺，大脳皮質基底核変性症，嗜銀顆粒性認知症，神経原線維変化型老年期認知症，Huntington 病，血管性認知症，プリオン病，内科的疾患などとさまざまな原因疾患があげられている。認知症の代表的なものとして，Alzheimer 型認知症，Lewy 小体型認知症，前頭側頭型認知症，血管性認知症の 4 つを簡潔に述べる。認知症の原因疾患としては Alzheimer

連　載　臨床心理学・最新研究レポート シーズン3

型認知症が最も頻度が高く，次いで血管性認知症もしくは Lewy 小体型認知症が多いという報告が多い（Akatsu et al., 2002）。Alzheimer 型認知症，血管性認知症，Lewy 小体型認知症を合わせて三大認知症という場合もある。

　Alzheimer 型認知症（AD）は，近時記憶障害で発症することが多く，見当識障害や遂行機能障害，視空間障害が加わっていく。保持時間に基づく分類では近時記憶障害が，また内容に基づく分類では出来事記憶の障害が特徴である。近時記憶とは対照的に，遠隔記憶は比較的保たれる。見当識障害は時間，場所，人の順番に進むことが多く，遂行機能障害は仕事や家事などの日常業務に支障をきたす。視空間障害は図形の模写を困難にし，近所で迷うようになる。進行とともに全般的な知的機能が障害され，次第に周囲に対する認知ができなくなり，会話が通じなくなり，最終的には無言になる。

　Lewy 小体型認知症（DLB）は，病初期には記憶障害は目立たない場合があり，注意，遂行機能，視空間認知の障害を伴う。変動する認知障害，パーキンソニズム，繰り返す具体的な幻視の中核症状がある。Alzheimer 型認知症の早期と比べ，パーキンソニズム，歩行の障害，自律神経症状，嗅覚障害，幻視，せん妄，睡眠障害や精神症状などが早期により多く見られる。

　前頭側頭型認知症（FTD）は，行動異常，精神症状，言語障害などを特徴とする進行性の認知症である。自発性の低下，脱抑制，人格変化，異常行動で潜行性に発症し，常同行動などを呈したのち，精神機能の荒廃が高度で，無動，無言となり寝たきりになる。

　血管性認知症（VaD）は，脳梗塞や脳出血，クモ膜下出血などの脳血管障害によって生じる認知症であり，抑うつ，自発性の低下，遂行機能障害を伴う。もの忘れは軽いことが多く，自覚がある。また障害される大脳の局在部位に応じて失語，視空間障害，運動障害を伴う。脳血流の循環不全を伴うことから，症状が日内～日間で変動しやすい。

## II　認知症と非薬物療法

　認知症の根本治療薬は未だ開発されていない。その原因は複数あるが，発症のメカニズムの解明が遅れたこと，精密な検査指標が存在しないことなどがあげられる。症状の進行を遅らせる抗認知症薬による薬物治療とともに，非薬物療法である認知機能訓練，運動療法，回想法，音楽療法などの非薬物療法が他の疾患に比べ盛んに行われている。

　運動は多くの観察研究により，認知症やAlzheimer 型認知症の発症率の低下と関連すると報告されている。定期的な運動は，高齢者の認知症の予防，あるいは高齢者の認知機能の低下を抑制すると多くの観察研究において示されており，積極的に推奨されている（日本神経学会，2017）。さらに，運動に認知機能訓練の組み合わせることでさらに効果が見られることが示されている（Fabre et al., 2002；Oswald et al., 2006；Shatil, 2013）。そこで，健常高齢者に運動と音楽を組み合わせた介入を行った場合，運動のみよりもさらに効果があるのかどうかを調べたのが，三重県の御浜町と紀宝町で行った御浜－紀宝プロジェクトである（Satoh et al., 2014；Tabei et al., 2017）。全国的に見ても両町の高齢化率は進んでおり，20年後の日本の平均とほぼ同等にまで進んでいる。そのため，両町での介入結果は 20 年後の日本に応用できる可能性がある。

　対象は地域在住の健常高齢者 207 名であった。運動教室への参加を希望した 166 名を 2 群（音楽体操群，体操群）に分けた。また 41 名は介入をしないコントロール群とした。プロのインストラクターの指導のもと，週 1 回各 1 時間の運動を 1年間行った。

　介入として音楽体操には，音楽伴奏のついた体操を用いた。体操には，運動の内容は音楽体操と同一だが，音楽伴奏の代わりに太鼓によるビートのみを鳴らしたものを用いた。音楽体操群と体操群は介入前後に，コントロール群は 1 年間隔で 2

回，神経心理検査と脳MRI検査を行った。

神経心理検査としてMini-Mental State Examination（MMSE），レーブン色彩マトリシス検査（RCPM），論理的記憶の即時／遅延再生（LM-I/II），語想起（動物名，語頭音），Trail-Making Test（TMT）A/B，立方体模写を実施した。

脳MRI検査として1.5TのT1強調画像を撮像した。得られたデータからSPM12を用いて脳形態計測を行った。

すべての検査が実施できた音楽体操群51名，体操群61名，コントロール群32名を解析の対象とした。神経心理検査では，音楽体操群の視空間認知機能がコントロール群に比し有意に改善した。脳形態計測では，音楽体操群の前頭葉と聴覚野，体操群の前頭葉の容積が介入前に比し介入後に増加した（FWE $p<0.05$）。音楽体操群と体操群の前頭葉と海馬の容積がコントロール群に比し維持・増加した。有酸素運動により海馬の容積が増加することが示されているが（Erickson et al., 2011），音楽伴奏が付くことで海馬だけでなく前頭葉の容積が維持・増加することがわかった。音楽体操群＞体操群＞コントロール群の順に前頭葉容積の維持・増加が見られたことから，音楽体操は，健常高齢者の認知機能の改善とともに，前頭葉容積を維持・増加させることが明らかとなった。

またSatoh et al.（2017）では，音楽体操は認知症患者のADLを維持することを示した。認知症患者85名（MMSE 15～26点）をランダムに音楽体操群（ExM）43，脳トレ群（BT）42名に分けた。週1回40分，ExMには音楽体操，BTには携帯型ゲームやドリルを半年間施行した。前後に神経心理検査を行い，認知機能と日常生活の活動度について検討した。

神経心理検査としてMMSE，レーブン色彩マトリシス検査（RCPM），論理的記憶の即時／遅延再生（LM-I/-II），語想起（動物名，語頭音），Trail-Making Test（TMT）-A/B，立方体模写を実施した。日常生活の評価としてBehavioral Pathology in Alzheimer's Disease（Behave-AD），Functional Independence Measure（FIM）を実施した。

脱落者23名を除く62名について解析した。年齢, 教育歴, 開始時MMSEに両群で差はなかった。変化量について群間比較を行ったところExMで，立方体模写に有意な改善（$p=0.009$），TMT-A（$p=0.070$）とFIM（$p=0.066$）に改善傾向がみられた。各群内での前後比較では，両群ともに立方体模写（ExM $p<0.001$；BT $p=0.001$），ExMではRCPMの施行時間（$p=0.021$），BTではLM-I（$p=0.039$）が有意に改善した。FIMはExMでは変化はなかったが（$p=0.385$），BTは有意に悪化していた（$p=0.048$）。

## III　認知症患者の認知機能と脳容積から非薬物療法の効果を予測する

先行研究は，認知症の予防および進行抑制に対する有酸素運動の効果を示してきた。さらに認知訓練と組み合わせた運動が，運動のみよりも認知機能に効果をもたらすことを示してきた。これまでに，音楽に合わせた体操（音楽体操）が，体操のみよりも健常高齢者の視空間認知に効果をもたらし，広範な脳形態変化をもたらすことを示した（Satoh et al., 2014；Tabei et al., 2017）。また音楽体操は，携帯型ゲーム機やドリルを使用した脳トレーニング（脳トレ）よりも，軽度から中程度の認知症患者の日常生活動作の悪化を防ぐことを示した（Satoh et al., 2017）。

非薬物療法の効果の予測因子に焦点を当てた研究はほとんどない。予測因子が明らかとなることで，介入の影響を弱める因子を考慮し，より標的化された非薬物療法を提供することが可能になるかもしれない。実際，患者背景および重症度などの臨床情報が，非薬物療法の効果に影響することを先行研究は示してきた。しかし，非薬物療法の効果に影響を及ぼす神経心理学的因子ならびにその神経基盤はわかっていない。さらに，先行研究はランダム化比較試験によって異なる非薬物療法

連　載　臨床心理学・最新研究レポート シーズン3

を比較していない。

　研究の目的は，軽度から中等度の認知症患者に
対する非薬物療法の効果の予測因子を明らかにす
るために，介入前の認知機能と脳容積を調べるこ
とであった。

　対象者は，三重県御浜町または紀宝町に在住
で，介護サービスを利用している軽度から中等度
の認知症患者であった。対象者は抗認知症薬の治
療を受けていたが，介入期間中の変更はなかっ
た。対象者を無作為に分けて音楽体操もしくは脳
トレの介入（週1回，40分，6カ月間）を行っ
た。音楽体操では，対象者はポップス調でテンポ
が変わる音楽に合わせて，椅子に座って腕や腰を
曲げ伸ばししたり，足踏みしたりするなどした。
脳トレでは，対象者は携帯型ゲーム機やドリルを
使用して簡単な計算，迷路，画像の誤り問題な
どを行った。神経心理検査では，知的機能（Mini-
Mental State Examination（MMSE），レーブン
色彩マトリシス検査（RCPM）），記憶（論理的
記憶の即時／遅延再生（LM-I/II）），前頭葉機能
（語想起（動物名，語頭音），Trail-Making Test
（TMT）），視空間認知（立方体模写），日常生活
動作（Functional Independence Measure : FIM）
を評価した。脳MRI検査では，1.5TのT1強調
画像を撮像した。得られたデータからMATLAB
とStatistical Parametric Mapping 12を用いて脳
形態計測（Voxel-based morphometry）を行った。

　解析対象者は，音楽体操もしくは脳トレの介入
に75％以上参加し，神経心理検査とMRI撮像を
介入前後ともに実施できた認知症患者46名（音
楽体操25名，脳トレ21名）であった。先行研
究に従い6カ月後のMMSEの成績から改善群
18名（音楽体操11名，脳トレ7名，AD17名，
VaD1名，MMSE ＋3.8±1.6）と非改善群28名（音
楽体操14名，脳トレ14名，AD22名，VaD6名，
MMSE －1.5±2.1）に分けた。介入前の改善群と
非改善群のMMSEは有意差がなかった。介入前
の非改善群の認知機能は，音楽体操では記憶，脳
トレでは知的機能と日常生活動作の認知項目が，

改善群に比し有意に成績が悪かった。介入前の非
改善群の脳容積は，音楽体操では前帯状皮質，脳
トレでは左中前頭回が，改善群に比し小さかった。

　結果が示した認知機能の違いは，各介入を実施
するために必要な認知資源の違いを反映している
のかもしれない。参加者は音楽体操では運動パ
ターンを覚えておく記憶が必要であり，脳トレで
は計算や迷路の遂行や画像の誤りの検索する全般
的な知的機能が必要である。また，結果が示した
脳領域は，各介入を実行するために重要な役割を
担っていることを先行研究が示している。研究は，
より進行した認知機能低下および広範な皮質萎縮
を伴う軽度から中程度の認知症患者は，非薬物療
法後の認知機能の改善を示す可能性が低いことを
示す一方，介入前の認知機能と脳容積の評価から
効果的な非薬物療法の種類を選択することができ
る可能性を示した。

## IV　認知症における非薬物療法の　　さらなる効果に向けて

　世界的な認知症の増加と，根本治療薬がない現
状において，非薬物療法は非常に重要である。運
動をはじめとして，効果が示された非薬物療法も
ここ数年で数多く発表されてきた。患者背景をふ
まえて投薬するように，非薬物療法もただ闇雲に
実施するだけではなく，患者背景を考慮して実施
する必要がある。そうすることで，認知症におけ
る非薬物療法のさらなる効果を得られる可能性を
対象論文は示唆している。

▶文献

Akatsu H, Takahashi M, Matsukawa N et al. (2002)
　Subtype analysis of neuropathologically diagnosed
　patients in a Japanese geriatric hospital. Journal of the
　neurological sciences 196 ; 63-69.
Erickson KI, Voss MW, Prakash RS, Basak C, Szabo
　A et al. (2011) Exercise training increases size of
　hippocampus and improves memory. Proc Natl AcadSci
　USA 108 ; 3017-3022.
Fabre C, Chamari K, Mucci P, Massé-Biron J & Préfaut C
　(2002) Improvement of cognitive function by mental

and/or individualized aerobic training in healthy elderly subjects. International Journal of Sports Medicine 23 ; 415-421.

中島健二ほか 編（2013）認知症ハンドブック. 医学書院.

日本神経学会 監修（2017）認知症疾患治療ガイドライン 2017. 医学書院.

Oswald W, Gunzelmann T, Rupprecht R & Hagen B （2006）Differential effects of single versus combined cognitive and physical training with older adults : The SimA study in a 5-year perspective. European Journal of Ageing 3 ; 179-192.

Prince et al.（2015）World Alzheimer Report 2015. Alzheimer's Disease International.

Satoh M, Ogawa J, Tokita T et al（2014）The effects of physical exercise with music on cognitive function of elderly people : Mihama-Kiho Project. PLoS ONE 9 : e95230.

Satoh M, Ogawa J, Tokita T et al.（2017）Physical Exercise with Music Maintains Activities of Daily Living in Patients with Dementia : Mihama-Kiho Project Part 21. Journal of Alzheimer's Disease 57 ; 85-96.

Shatil E（2013）Does combined cognitive training and physical activity training enhance cognitive abilities more than either alone? : A four-condition randomized controlled trial among healthy older adults. Frontiers in Aging Neuroscience 5 ; 8.

Tabei K, Satoh M, Ogawa J et al.（2017）Physical exercise with music reduces gray and white matter loss in the frontal cortex of elderly people : The Mihama-Kiho Scan Project. Frontiers in Aging Neuroscience 9 ; 174.

連　載　主題と変奏——臨床便り

♪ 主題と変奏——臨床便り

第**37**回
# 赦し・祈り・光
## ——カンボジア体験記

## 山本智子
［近畿大学］

今年，関西国際大学の坂中尚哉教授による，ポルポト政権下における内戦体験者への面接調査に同行させてもらうため，私は初めてカンボジアの地に立った。私が訪れた時期は乾季にあたっており，日中の気温は 35 ～ 40 度近くにまで上がる日もあった。湿度も高く，過ごしやすい環境とは言えなかったが，街頭を彩り咲き誇る花々の下で屈託なく笑いあう子どもや人々の声，大声で客を呼び込むトゥクトゥクの運転手の逞しさ，マーケットで夕食の材料を選ぶ子どもを背負った母親の姿に，人々の生きる鼓動が身体に流れ込んでくるような感覚を覚えた。しかし，わずか 40 年前には，この当たり前の日常が奪われた時代があったのだ。

1975 年から 1979 年にかけて，ポルポト派によって，家族は解体され，人々は都市部から農村に強制移住させられた。通貨や学校なども廃止され人々は農業を主体とした労働に追いやられていった。そして多くの知識人は処刑された。農村部に強制移住させられた人々もまた飢餓や重労働，拷問や処刑により命を落としていったのだ。その数は 200 万とも 300 万とも言われており，当時の人口の 3 分の 1 にあたる。プノンペンにあるトゥルー・スレン（収容所）やキリングフィールド（処刑場）も訪れたが，数えきれない人々がいわれなき罪に問われ，残虐な方法によって拷問され命を落としていた。今回の調査のなかで語られた「孤独や絶望のなかで人々は死んでいった。生きるために一番大事な『希望』を打ち砕かれたことによっ

て死んでいったのだ」という言葉は，虐殺された人々に対してだけではなく，飢餓や重労働の末に死んでいった人々にも言えることだ。そんな絶望のなか「心配することはない。いつか立派な大人になる」という夢のなかの母の言葉だけが希望をもたらし自分を支えたと語る人もいた。夢のなかの言葉とはいえ，生きるためには希望が必要な時代だった。

しかし，内戦体験者のなかに「もう忘れなくてはならない。赦さなくてはならない」「同胞に殺される。でも恨みは持てない。赦すしかない。殺さなくてはいけない背景があったのだ」「誰かが，何かが悪いのではない。そういう事実があったということを私たちは受けとめるしかない」と語る人がいたことが印象的だった。当時，仏教弾圧を受けていたとはいえ，辛いときには心のなかで神や仏に祈っていたと語る人もいた。カンボジアの人々には，「輪廻」の概念を根底とし，「寛容」と「哀れみ」をもって和解とするという宗教観があるそうだ（新川，2008）。この時代について学校で子どもに教えないということも，ひとつには，いまだ被害者と加害者がともに暮らす国であることに配慮してのことかもしれない。カンボジアは，内戦による闇の時代に関心を向けられることが多いが，人々が逞しく明るく生きている国でもある。そして，赦しがたい時代を赦すと語る体験者の思いもまた，国を支えるひとつの光となり，カンボジアの人々を明るく照らしているのだろうと思う。

▶ **文献**
新川加奈子（2008）カンボジア 今——ポル・ポトの呪縛は解けたのか．燃焼社，pp.34-35.

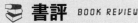

# 書評 BOOK REVIEW

野口裕二［著］
**ナラティヴと共同性**
――自助グループ・当事者研究・オープンダイアローグ

青土社・四六判並製
定価2,400円（税抜）
2018年12月刊

評者＝横山草介（東京都市大学）

　人間科学の探究にナラティヴという概念を組み込む試みの興隆を，いくつかの道標となる著作を頼りに1980年代に認めるとするならば，2020年を迎えようとする現在は，草創期の議論から40年を経ようという時期である。本書の著者もまた，社会科学や臨床の分野にナラティヴ概念を取り込む試みは，その導入と紹介の時期を過ぎ，次なる展開が待たれる時期に入っているとの見立てを述べている。

　ナラティヴアプローチの展開は，人間の心性や社会事象についての理解を，一般性と無矛盾性を志向する「論理–科学的な思考様式」にのみ基づいて試みることの限界を認め，個別具体性や，ときには矛盾をも厭わない「物語的な思考様式」に基づいて試みる必要を訴える運動として理解することができる（Bruner, 1986）。こうしたナラティヴアプローチの展開をたどる際に，著者が自身の論究の試金石として一貫して引いているのが，ナラティヴセラピーの諸学説である。ナラティヴセラピーの主張のひとつは，クライアントの抱える心理的な苦悩を個人に内在する「実体」として捉えるのではなく，苦悩の体験についての語りによって構成される「概念」として捉え直すことである。実体としての理解から概念としての理解への転向を進めることによって，ナラティヴセラピーの諸学説はクライアントの抱える心理的な苦悩を，語りの更新によって消尽するものとして位置づけ直した。ここにおいてセラピストに期待される役割は，クライアントの抱える苦悩の語りを，彼らの生にとってより充足的な語りへと共同で書き換えていくことを通して，彼らの社会生活への復帰を援助することにある。

　だが，ナラティヴセラピーの諸学説は，語りの共同構成という論点を強調する一方で，語りの更新の主体を最終的にはクライアント個人に委ねてきた点において，個人主義の影を引きずることになる。著者はこの点にナラティヴセラピーの限界をみる。なぜならば，クライアントの社会生活への復帰を最終的には個人の自助努力の成果に委ねるという判断は，対人援助の構図をソーシャルな方向にではなく，パーソナルな方向に導くことに帰結するからである。共同性の喪失と個人主義の興盛という現代社会の思潮に鑑みるとき，この方向は将来性のある展望とはなり得ない。

　こうした危機感から立ち上がる著者の展望は，対人援助の構図をパーソナルな方向からソーシャルな方向へと拓くことにほかならない。そしてこの展望にひとつの具体案を提供するのが，著者によれば「オープンダイアローグ」（Seikkula & Arnkil, 2006）の試みである。オープンダイアローグは，個人の語りの編み直しではなく，個人を取り巻く社会的関係の編み直しを志向する。個人の変容ではなく，社会的関係の変容を志向することによって，特定の課題状況を個人が背負い，個人で乗り越えるという構図ではなく，関係が背負い，関係で乗り越えるという構図が浮かび上がる。著者によれば，こうした展望こそが，臨床の分野におけるナラティヴアプローチの次なる地平を拓く鍵となる。

▶文献

Bruner JS（1986）Actual Minds, Possible Worlds. Cambridge : Harvard University Press.

Seikkula J & Arnkil T（2006）Dialogical Meetings in Social Networks. London : Karnac Books.

## 書評

フィリップ・J・フローレス［著］
小林桜児ほか［訳］

### 愛着障害としてのアディクション

日本評論社・A5判並製
定価3,000円（税抜）
2019年1月刊

評者＝**森田展彰**（筑波大学）

　この本は，アルコールや薬物や食物などの物質への依存，あるいはギャンブルやインターネットなどの行動への依存，すなわちアディクションを生じる人の多くが，アタッチメント（愛着）という人間と人間の間における「心のきずな」の問題を抱えていることをわかりやすく示したものである。

　アタッチメントという「心の絆」は，幼児期に養育者との間でつくられるものをベースにしており，それが内的作業モデルという心のなかのモデルとして定着して，その後の人間関係や行動に影響を与えていくと考えられている。そのアタッチメントの主要な課題は，恐怖や不安を感じるような場面で，どのように安心感を取り戻せるかということであり，本来的には，子ども（あるいは大人）の求めるケア欲求に合った関わりをもってもらうと安定した関係性のモデルが内在化され，必要に応じて自分の不安を誰かに表現して助けてもらう行動が取れるようになったり，ある程度自分で自分の不安を制御できるようになっていく。一方，幼児期に安定したアタッチメントの経験ができないと，不安や恐怖が生じた場合にうまく相談したり，また自分で処理することが難しくなる。従来の調査によれば，アディクションのある人は不安定な時には逆境的といえるような生育環境で育っている場合が多く，処理できない否定的な情動が膨らんでいく対処法のひとつとして，飲酒や薬物の使用に過度に依存していくと考えられている。本書では，こうした状況を「物質乱用は，健全な愛着を育む能力が欠如している状態に対して，本人なりに見出した解決策であると同時に，愛着能力の欠如がもたらした結果である」としている。このような考え方は，アディクションは当事者の自己治療とみなせるというKhantzianの考えとも一致している。Khantzianは本書にも推薦の言葉を寄せており，「彼（著者）が特に明らかにしてくれたことは物質使用障害に陥りやすい人たちが最も問題を抱えているのは，対人関係の領域なのだ，という点である」と指摘し，アディクションのある人は「人に頼って問題を解決したり，人とつながろうとするのではなく（中略）化学物質を用いて解決し，化学物質とつながろうとする」と述べている。

　このようにアタッチメントの問題として，アディクションをとらえなおすことにはどのような意義があるだろうか。その1つは，治療の目標や過程を安定したアタッチメントの再構築として見直すことができることであろう。本書の記述としては，「薬物やアルコールのアディクトたちが断酒や断薬を継続するためには，まず有害な物質との関係を断ち，対人関係において健全な愛着を発達させなければならない」と表現している。つまり，アディクションの治療では，目に見える物質使用の停止が重要だと考えられがちだが，継続的な変化を生じるためには，物質使用の背景にある対人関係やそれが内在化されたモデルが修正されることが重要であることが示されている。こうしたアタッチメント理論をもとにした考え方は，AA（アルコホリック・アノニマス／匿名のアルコール依存症者の会）の示しているモデルが一致しており，断酒や断薬に取り組み，自助グループでの人間関係での体験をもとに回復をはかることについてアタッチメント理論が理論的な根拠を与えられることが指摘されている。

　2つ目の意義は，援助者が自分自身のクライエントに対する関わりを見直すことにあるだろう。アタッチメントは幼児期の体験を基礎に形作られるが，その後の人間関係にも影響され，修正・再構築されていくものであり，アディクションへの支援者は自らが安心の基地として機能することで，クライエントのもつ内的作業モデルの安定化をはかることができる。著者は，本書全体を通して自らが提案している治療をAOT（Attachment Oriented Therapy／愛着志向療法）と呼んでいるが，これは治療アプローチというよりは，治療に対する態度であるという。そして，「セラピストが何をするかというよりも，関係性の中で適切な治療的な雰囲気をどのように作り出すかが重要である」という。著者は，治療関係を論じるにあたって，アタッチメント理論に加えて，Kohutの自己心理学を用いて治療論を用いている。著者の整理によれば，自己心理学は，アタッチメント理論と同様に精神分析の対象関係論をもとにしているが，対象関係論の礎となったMelanie Kleinが心のなかの内的対象を重視したのと

★ 森田展彰・吉田三紀　書　評

は異なり，外的な影響を重視しているとして両者の類似性に注目している。そして，行動観察を中心に概念化されたアタッチメント理論では十分表しにくい治療関係における間主観的な体験を記述している。重要なことは，援助関係や養育関係でケアを行うと依存的にしてしまうということではなく，より成熟した相互的な関係が作られることを強調している点であると思われる。アディクションの人を支援すると，より依存的になるのではないかという誤解があり，制限や処罰を行うことが重要であるとする人がいるが，そうではないことも指摘されている。そして治療者が提供する共感がいかにアディクションの患者の内的な関係性を安定化させ，アディクション行動からの脱却に役立つかを多くの事例を用いて説明している。ほかにもアディクションにうつ病などの重複障害という問題やその取り組みについてもアタッチメント理論からの理解が重要であることが示されている。

　以上のように，本書はアタッチメント理論および自己心理学をもちいて，アディクションの原因や治療過程を描き出すことで，専門機関による治療や自助グループを包括的で一貫した視点で描き出すことに成功している。訳者である小林桜児先生は，一見快適な刺激に浸っているようにみえるアディクション者が本当はつながりを求め，それが得られない苦悩を持っていることを書籍や研究で示してこられており，本訳書にはそれを理論的に確かなものとして示そうという意図があると思われる。本書は，一般的でエビデンスのある心理学的な概念や評価からアディクションの心理やその支援における自助グループや援助者の意義を丁寧に論じており，アディクションに関わる人々が当事者の心理を知り，その支援について考える上で必須といえる。

スティーブン・シュライン［著］
鑪幹八郎・松本寿弥［訳］

クリニカル・エリクソン
── その精神分析の方法：治療的かかわりと活性化

誠信書房・A5判並製
定価3,600円（税抜）
2018年12月刊

評者＝吉田三紀（市立吹田市民病院）

　本書は，"The Clinical Erikson : A Psychoanalytic Method of Engagement and Activation"（Stephen Sohlein, 2016）の邦訳本である。Eriksonと言えば，アイデンティティ概念，心理社会的発達理論を提唱したことで著名な精神分析家である。著者であるStephen Sohleinは，本書のなかで，Eriksonが実際に扱った精神分析の臨床的な資料を示し，どれだけ精神分析の領域の発展に貢献をしたかを明らかにしている。

　第1章では，精神分析家としてのEriksonの臨床活動や技法について，徹底的に検討・探求することを試みている。それによると，Eriksonは，人間の潜在的な力に深い信頼を寄せ，「人間発達の黄金律」と呼んでいたことを筆者が明らかにしている。第2章では，著者とEriksonのやりとりを通して，その人間性が描き出されている。第3章では，初期の事例研究を通して，Eriksonの臨床活動が描かれている。それによるとEriksonは，当時の精神分析で注目されていたリビドーだけではなく，「人間の成長の潜在力としての『心理的な啓蒙』」（p.24）の大切さに気付いていたという。第4・5章では，子どもの心理療法に対するEriksonの見方と臨床ヴィネットが紹介されている。彼は子どもにとってのプレイを「自己治癒的な自我機能」（p.56）であり，「対象関係の希求や『相互的なかかわり』の希求の中での自己表現の時間」（p.56）として見ていた。つまり，プレイで表現される子どもの行動に対しても心理学的な意味を見出していたのである。第6章では，オースティン・リッグス・センターの臨床ケースカンファレンスでのEriksonの発言を明らかにしている。第7・8・9章では，成人の心理療法に対するEriksonの見方と臨床ヴィネットが紹介されている。彼は成人の心理療法においても，関係性を大切にしており，セラピー関係は「患者の精神病理や欠損，臨床的な発見に焦点を当てるのみならず，一人の人間と人間の出会

い」(p.124)ととらえ,「自我のかかわり関与性」(p.226)という概念を取り入れていた。そして,治療者のことを「自己観察しながらの参加者」と呼んでいた(p.211)のである。第10章では,青年期の心理療法におけるEriksonの見方について示されている。ここでは自我アイデンティティの考えについて触れ,青年の自我の回復力を強く信じていたEriksonは,臨床家が自我アイデンティティの危機の重症度を見極める必要性を強調したのである。

　Eriksonは,人間は常に社会との相互的な関わり合いのなかで発達的に形成されていくと考え,重要視していた。本書を読んで,Eriksonは精神分析の自我心理学を超え,関係論の立場をとっている人であったということに,評者は驚いた。Eriksonの視点は新しい示唆を与えるものであり,心理臨床家にもぜひ勧めたい一冊である。

村瀬嘉代子[著]
ジェネラリストとしての心理臨床家
──クライエントと大切な事実をどう分かち合うか

金剛出版・四六判上製
定価3,000円(税抜)
2018年9月刊

評者＝村上伸治(川崎医科大学精神科学教室)

　我が国における心理臨床家として,押しも押されもせぬ存在である村瀬先生が近年発表された論文を集めた著作集である。23の論文が収載されている。

　内容は,「心理療法の基本」「聴くというこころみ」などから,司法や矯正領域での心理職というテーマや,ご自身の小児期の体験まで多岐にわたる。だが,格調高い論述と鮮やかな事例描写という村瀬論文の特徴は変わらない。

　例えば,「クライエントに信頼される条件」を論考する際の事例では,夫(村瀬孝雄先生)が行っている中高生への面接調査を手伝い,お茶菓子を供するなどするうちに,「先生の奥さんに面接してほしい」と指名する者が現れる。進学せず工場の工員になった少女は,親への恨みや自分の惨めさを語った後,「普通のおばさんなのに,話しているうちに,自分の考えと気持ちが整理されて,すーっと落ち着き,いつも苛々していたのが何か考えがまとまってきた。父親に怒りと軽蔑しか感じていなかったのに,何か父親の苦労と寂しさが少し想像できるような……」と話す。

　重複聴覚障害者施設で疲弊している職員集団への心理的支援を請われ赴いた際は,「これが臨床心理学だってみせてほしい」と言われ,会話が成立せず暴力も出る男性の面接を多くの職員同席の場で行えという挑戦を受ける。カタツムリの貼り絵をサンプルに作り,手振りで貼り絵の作り方を示したところ,貼り絵を完成させ,入所以来初めて微笑し,人差し指で自分の頭にカタツムリの角を真似たポーズをとり,気分良さそうにスキップして退出する男性の姿に職員一同は驚く。ほかにも心理面接で変化する事例を目のあたりにした職員は「人はかかわり方で変わる」と述べるなど,施設全体の空気が生気のある,そして他者を思いやるものに変わっていく。

　家裁の調査官だった頃に関わった少女は,住み込みで働いていた喫茶店での盗みの罪に問われていた。面接では不満と怒りの表情一杯で押し黙る少女を前にして,「どんな生活をしていたのか」が気になった村瀬先生は「喫茶店」を訪ねる。すると喫茶店とは名ばかりで,実際には風俗の店だった。店に行ったことを少女に話したところ,少女はこれまでの生活の苦労や思いを堰を切ったように語り始める。

　これらの鮮やかな事例描写の連続に読者は圧倒される。そして,心理臨床の可能性や未来も感じることができる。喫茶店の事例や,帰省先のない施設の子どもたちを自宅に招いて手料理を振る舞うなどの懐の深さは,「臨床心理学の枠から外れている」と言われるのだが,これは,「臨床心理学の枠」へのアンチテーゼでもある。

　実は,本書が書評依頼で届く前に,先生ご自身から本書をお贈りいただいた。添えられていた一筆箋には「ぜひ,厳しいコメントを」と書かれてあった。ある時は「ただのおばさん」,またある時は劇的な治療的変化を引き起こす「魔女」,そんな「100年に1人の治療者」に対して,厳しいコメントなどできるはずもない。が,せっかくなのでお言葉に甘えて,ひとつお願いをしたい。相手の言葉や表情などを受けて,次の言葉や行動に出るまでの瞬時の思考を我々凡人は少しでも知りたい。1秒にも満たない間の「村瀬の脳内プロセス」を,1秒に1ページ使うくらい詳しく解説する本,そんな本を1冊書いていただけないでしょうか?

## 書 評

ジョン・ワトキンスほか［著］
福井義一ほか［監訳］
**自我状態療法**
── 理論と実践

金剛出版・A5判上製
定価5,400円（税抜）
2019年2月刊

評者＝田辺 肇（静岡大学人文社会科学部）

本書は John G. Watkins and Helen Huth Watkins による"Ego States : Theory and Therapy"（W.W. Norton［1997］）の邦訳である。訳出までの経緯を監訳者が記しているが，曲折を経て，漸くの出版らしい。自我状態療法自体はその後も発展，展開しているようだが，その後20年余の発展を感じさせる，挑戦的で少し荒削りな，しかし極めて臨床的な示唆に富む理論と技法が提示され，その生成の現場に立ち会ったような印象もそこここに感じられる一冊となっている。1990年前後当時のトラウマと解離を巡る臨床的気風が想起される。

自我状態療法とは「個人療法や家族療法，集団療法のテクニックを，一人の人の内部で『自己の家族』を構成している異なる自我状態間の葛藤の解決に利用するもので……指示的・行動的・認知的・分析的・人間的な治療テクニックのどんなものでも用いる可能性がある一種の内的駆け引きであり，たいていは催眠下で行われる」と簡明にまとめられている。そういわれると，システム論的なものはどうだろうかなどと，別の展開も期待したくなるところだが，いずれにしても，明確な交替人格を伴う方の支援に限らず，潜在的な多重性，自我状態間の葛藤の解決という視点からのアプローチの幅広い可能性を拓いたという点で，Watkins 夫妻の貢献は大きなものと言えるだろう。

理論編，実践編といった明確な構成にはなっていないが，はじめのほうに Paul Federn の自我境界を巡るエネルギー論を基礎としたパーソナリティ機能論や，「構造化された行動と経験のシステム」である自我状態の機能，発達，多様性について，理論的な側面を扱った章が配置されている。解離性の困難を抱える方の具体的な体験と突き合わせながら理解すると，多様な現象を彼らの実感に沿って巧く整理して捉えることのできる有効な枠組みであることに気づかされる。

中盤からは，実践的な事項を扱った章が並ぶ。具体的な技法が具体的な事例に沿って例示してあり，その開拓者魂を感じさせる挑戦的な雰囲気も相まって，自らの実践にも適用してみようと思える，付箋をつけておきたくなるような記述が展開される。理論の概説も実践の紹介も，まるで夫妻が講師を務めるワークショップに参加しているような感じと言えば良いだろうか。たしかに，理論の紹介は概説的に留まり必要最低限で，所々大学の講義で語られるような蘊蓄的な基礎知識が挟まれ，議論の綿密さにも大いに濃淡があり，荒削り感は否定できない。しかし，それが，著者の息づかいを感じさせるライブ感をもたらしているのかもしれない。途中の章では，効果研究を試みた成果がまとめられ，最終章では，対人関係，法，国家間の紛争の問題への展開への示唆が提示される。これもまた挑戦的で荒削りなものだが，その洗練を装うことない姿勢からも，自身の理論と実践の新たな展開に向けた情熱を感じさせ，それを引き継ぐ者が現れるだろうことが予想される。今後の自我状態療法の展開にも期待したい。

# 新刊案内

**Ψ 金剛出版**　〒112-0005　東京都文京区水道1-5-16　Tel. 03-3815-6661　Fax. 03-3818-6848
e-mail eigyo@kongoshuppan.co.jp　URL http://kongoshuppan.co.jp/

事例でわかる
## 思春期・おとなの自閉スペクトラム症
当事者・家族の自己理解ガイド

［編著］大島郁葉　［著］大島郁葉　鈴木香苗

おとなになるまで診断もアセスメントもされなかった自閉スペクトラム症の人たちは，何を知る必要があるのか？　自閉スペクトラム症のアセスメントや診断プロセスのわかりやすい解説，コミュニケーションや感覚に関する自閉特性との上手な付き合い方，自閉スペクトラム症をもつ人たちの年齢別ケースレポート，そして当事者の声を通じて，当事者と家族の知りたい気持ちにしっかり応えていく。どのように自分と家族の「自閉スペクトラム症」を理解していけばよいのかを伝える自己理解ガイド。　本体2,800円＋税

## 解決志向で子どもとかかわる
子どもが課題をのり越え，力を発揮するために

［著］ジュディス・ミルナー　ジャッキー・ベイトマン
［訳］竹之内裕一　バレイ（佐俣）友佳子

解決志向の子ども支援者が心得ておくべき基本要素に加え，使えるアイデアとツールをふんだんに盛り込んだ「解決のプロフェッショナル」のための支援者用ガイド。英国の革新的な児童福祉政策に準拠し，子どもが「自分で解決を見つけだし，自信をつける」過程を徹底的にサポートする「会話」と「質問」で，子どもの強さがわかる，子どもも，家族も，支援者も変わる。
本体3,400円＋税

## システムズアプローチによる スクールカウンセリング
システム論からみた学校臨床 第2版

［編著］吉川悟　赤津玲子　伊東秀章

「システムズアプローチ」は，システムのアセスメント・参加・介入を統合的に行う臨床スキルであり，児童・生徒・保護者のカウンセリング，教職員へのコンサルテーションや学内研修，そして多機関連携と，多岐にわたる職務をこなし，さらに関係者の連携の相乗効果を期待できる，まさに「学校現場のためのアプローチ」である。好評初版を現代の学校環境にあわせて大幅改訂したスクールカウンセラー必携の書，待望の第2版。　本体3,600円＋税

# 投稿規定

1. 投稿論文は，臨床心理学をはじめとする実践に関わる心理学の研究における独創的で未発表のものに限ります。基礎研究であっても臨床実践に関するものであれば投稿可能です。投稿に資格は問いません。他誌に掲載されたもの，投稿中のもの，あるいはホームページなどに収録および収載予定のものはご遠慮ください。

2. 論文は「原著論文」「理論・研究法論文」「系統的事例研究論文」「展望・レビュー論文」「資料論文」の各欄に掲載されます。「原著論文」「理論・研究法論文」「系統的事例研究論文」「展望・レビュー論文」は，原則として400字詰原稿用紙で40枚以内。「資料論文」は，20枚以内でお書きください。

3. 「原著論文」「系統的事例研究論文」「資料論文」の元となった研究は，投稿者の所属機関において倫理的承認を受け，それに基づいて研究が実施されたことを示すことが条件となります。本文においてお示しください。倫理審査に関わる委員会が所属機関にない場合，インフォームド・コンセントをはじめ，倫理的配慮について具体的に本文でお示しください。

★ 原著論文：新奇性，独創性があり，系統的な方法に基づいて実施された研究論文。問題と目的，方法，結果，考察，結論で構成される。質的研究，量的研究を問わない。

★ 理論・研究法論文：新たな臨床概念や介入法，訓練法，研究方法，論争となるトピックやテーマに関する論文。臨床事例や研究事例を提示する場合，例解が目的となり，事例の全容を示すことは必要とされない。見出しや構成や各論文によって異なるが，臨床的インプリケーションおよび研究への示唆の両方を含み，研究と実践を橋渡しするもので，着想の可能性およびその限界・課題点についても示す。

★ 系統的事例研究論文：著者の自験例の報告にとどまらず，方法の系統性と客観性，および事例の文脈について明確に示し，エビデンスとしての側面に着目した事例研究。以下の点について着目し，方法の工夫が求められる。

　①事例を選択した根拠が明確に示されている。
　②介入や支援の効果とプロセスに関して尺度を用いるなど，可能な限り客観的な指標を示す。
　③臨床家の記憶だけでなく，録音録画媒体などのより客観的な記録をもとに面接内容の検討を行っている，また複数のデータ源（録音，尺度，インタビュー，描画，など）を用いる，複数の研究者がデータ分析に取り組む，などのトライアンギュレーションを用いる。
　④データの分析において質的研究の手法などを取り入れ，その系統性を確保している。
　⑤介入の方針と目的，アプローチ，ケースフォーミュレーション，治療関係の持ち方など，介入とその文脈について具体的に示されている。
　⑥検討される理論・臨床概念が明確であり，先行研究のレビューがある。
　⑦事例から得られた知見の転用可能性を示すため，事例の文脈を具体的に示す。

★ 展望・レビュー論文：テーマとする事柄に関して，幅広く系統的な先行研究のレビューに基づいて論を展開し，重要な研究領域や臨床的な問題を具体的に示す。

★ 資料論文：新しい知見や提案，貴重な実践の報告などを含む。

4. 「原著論文」「理論または研究方法論に関する論文」「系統的事例研究論文」「展望・レビュー論文」には，日本語（400字以内）の論文要約を入れてください。また，英語の専門家の校閲を受けた英語の論文要約（180語以内）も必要です。「資料」に論文要約は必要ありません。

5. 原則として，ワードプロセッサーを使用し，原稿の冒頭に400字詰原稿用紙に換算した枚数を明記し，必ず頁番号をつけてください。

6. 著者は5人までとし，それ以上の場合，脚注のみの表記になります。

7. 論文の第1枚目に，論文の種類，表題，著者名，所属，キーワード（5個以内），英文表題，英文著者名，英文所属，英文キーワード，および連絡先を記載してください。

8. 新かなづかい，常用漢字を用いてください。数字は算用数字を使い，年号は西暦を用いること。

9. 外国の人名，地名などの固有名詞は，原則として原語を用いてください。

10. 本文中に文献を引用した場合は，「…（Bion, 1948）…」「…（河合，1998）…」のように記述してください。1) 2) のような引用番号は付さないこと。
　2名の著者による文献の場合は，引用するごとに両著者の姓を記述してください。その際，日本語文献では「・」，欧文文献では ‘&’ で結ぶこと。
　3名以上の著者による文献の場合は，初出時に全著者の姓を記述してください。以降は筆頭著者の姓のみを書き，他の著者は，日本語文献では「他」，欧文文献では ‘et al.’ とすること。

11. 文献は規定枚数に含まれます。アルファベット順に表記してください。誌名は略称を用いず表記すること。文献の記載例については当社ホームページ（http://kongoshuppan.co.jp/）をご覧ください。

12. 図表は，1枚ごとに作成して，挿入箇所を本文に指定してください。図表類はその大きさを本文に換算して字数に算入してください。

13. 原稿の採否は，『臨床心理学』査読委員会が決定します。また受理後，編集方針により，加筆，削除を求めることがあります。

14. 図表，写真などでカラー印刷が必要な場合は，著者負担となります。

15. 印刷組み上がり頁数が10頁を超えるものは，印刷実費を著者に負担していただきます。

16. 日本語以外で書かれた論文は受け付けません。図表も日本語で作成してください。

17. 実践的研究を実施する際に，倫理事項を遵守されるよう希望します（詳細は当社ホームページ（http://www.kongoshuppan.co.jp/）をご覧ください）。

18. 掲載後，論文のPDFファイルをお送りします。紙媒体の別刷が必要な場合は有料とします。

19. 掲載論文を電子媒体等に転載する際の二次使用権については当社が保留させていただきます。

20. 論文は，金剛出版「臨床心理学」編集部宛に電子メールにて送付してください（rinshin@kongoshuppan.co.jp）。ご不明な点は編集部までお問い合わせください。

（2017年3月10日改訂）

## 編集後記 Editor's Postscript

　本特集の企画を着想した経緯として，著者自身の制度の狭間での苦闘が背景にある。筆者は，ひきこもり問題に20年近く関わり，制度の狭間の難しさを体験してきた。狭間にあるからこそ，ひきこもりに焦点を当てた制度の重要性を身に染みて感じてきた。

　心理職も制度の狭間にあった職種であったといっていいかもしれない。臨床心理士という歴史と実績のある職種は存在したが，法律上は狭間に位置づけられ，心理職全体はそのなかで奮闘していたのである。

　本特集が具現化した最終的な要因は，やはり公認心理師の誕生である。公認心理師試験では，法や制度に関連する問題が相当数に上っている。法や制度を知らなければ，公認心理師にはなれないと断言できるほどである。

　なお，本特集の企画段階から，本誌編集委員会の先生方には，多大なるご助言をいただいた。特に，座談会にもご参加いただいた橋本和明先生には，特段のご指導とご助力を賜った。ここに記して，心よりの御礼を申し上げたい。

(境 泉洋)

---

**編集委員** (五十音順) ………… 石垣琢麿 (東京大学)／岩壁 茂 (お茶の水女子大学)／川島ゆか (福井少年鑑別所)／熊谷晋一郎 (東京大学)／黒木俊秀 (九州大学)／境 泉洋 (宮崎大学)／橋本和明 (花園大学)／妙木浩之 (東京国際大学)／村瀬嘉代子 (大正大学)／森岡正芳 (立命館大学)

**編集同人** (五十音順)　伊藤良子／乾 吉佑／氏原 寛／大塚義孝／大野博之／岡 昌之／岡田康伸／神村栄一／亀口憲治／河合俊雄／岸本寛史／北山 修／倉光 修／小谷英文／下山晴彦／進藤義夫／滝口俊子／武田 建／田嶌誠一／鑪幹八郎／田中康雄／田畑 治／津川律子／鶴 光代／成田善弘／成瀬悟策／長谷川啓三／馬場禮子／針塚 進／東山紘久／平木典子／弘中正美／藤岡淳子／藤原勝紀／松木邦裕／溝口純二／村山正治／山上敏子／山下一夫／山田 均／山中康裕／吉川 悟

**査読委員** (五十音順)　岩壁 茂 (査読委員長)／安田節之 (査読副委員長)／相澤直樹／青木佐奈枝／石井秀宗／石丸径一郎／石盛真徳／伊藤正哉／梅垣佑介／大対香奈子／金子周平／坂爪洋美／末木 新／能智正博／野田 航／野村理朗／別府 哲／松嶋秀明／明翫光宜／本岡寛子／山口智子／山根隆宏／湯川進太郎

---

## 臨床心理学　第19巻第4号 (通巻112号)

発行＝2019年7月10日
定価 (本体1,600円＋税)／年間購読料12,000円＋税 (増刊含／送料不要)

発行所＝㈱金剛出版／発行人＝立石正信／編集人＝藤井裕二
〒112-0005　東京都文京区水道1-5-16
Tel. 03-3815-6661／Fax. 03-3818-6848／振替口座 00120-6-34848
e-mail　rinshin@kongoshuppan.co.jp (編集)　eigyo@kongoshuppan.co.jp (営業)
URL　http://www.kongoshuppan.co.jp/

装幀＝岩瀬 聡／印刷＝太平印刷社／製本＝井上製本

JCOPY 〈出版者著作権管理機構 委託出版物〉　本誌の無断複製は著作権法上での例外を除き禁じられています。複製される場合は，そのつど事前に，出版者著作権管理機構 (電話03-5244-5088，FAX 03-5244-5089，e-mail: info@jcopy.or.jp) の許諾を得てください。

# 北大路書房

〒603-8303　京都市北区紫野十二坊町12-8
☎ 075-431-0361　FAX 075-431-9393
http://www.kitaohji.com

## シリーズ 心理学と仕事9 知能・性格心理学

太田信夫監修　浮谷秀一編集　A5・192頁・本体2300円＋税　前半では，知能の基本的な知識，とらえ方，構成要素，測定方法を説明。後半では，性格にまつわる様々なことばの適切な使い方や類型論と特性論を中心に理論的側面を詳説し，知能と性格の密接なつながりを明らかにする。また，感情とのつながり，測定方法，仕事との関連について取り上げる。

## グラフィック・メディスン・マニフェスト

ーマンガで医療が変わるー　MK．サーウィック他著　小森康永他訳　A4変形・228頁・本体4000円＋税　グラフィック・メディスンの中核は，健康と病のストーリーテリングであり，患者の複雑な経験を描き出すことにある。マンガを通して，一般患者という概念に抵抗し，矛盾する視点や経験でもって複数の患者を鮮やかに表現するムーヴメントへの誘い。

## 臨床心理フロンティア 公認心理師のための「発達障害」講義

下山晴彦監修　桑原　斉・田中康雄・稲田尚子・黒田美保編著　B5・224頁・本体3000円＋税　現代臨床心理学を牽引するエキスパートによる講義を紙面で再現。講義動画と連携して重要テーマを学べるシリーズ。Part1では障害分類とその診断の手続き，Part2では心理職の役割，Part3では自閉スペクトラム症の理解，Part4ではその支援について扱う。

## 心理学ベーシック 第5巻 なるほど！心理学面接法

三浦麻子監修　米山直樹・佐藤　寛編著　A5・272頁・本体2400円＋税　心を深く探ることができる研究法であるが，対象者と直接関わるための臨床的な技術が求められる難しさがある。本書では，アセスメントで求められる技術と方法，面接データの解析，臨床面接法について体系的に概説し，研究および臨床の両軸を念頭に広く深い視野の提供を目指す。

## シリーズ 心理学と仕事2 神経・生理心理学

太田信夫監修　片山順一編集　A5・176頁・本体2300円＋税　心的過程を脳の働きの産物として捉える神経・生理心理学。学習内容を概観し，脳の損傷部位と影響を受ける心的過程との関係，動物実験の意義と実際，特別支援教育での生体機能計測の重要性，犯罪捜査で用いられているポリグラフ検査の歴史や基礎，可能性を解説。産業界での応用も紹介。

## 手作りの悲嘆

ー死別について語るとき〈私たち〉が語ることー　L.ヘツキ・J. ウィンズレイド著　小森康永・奥野　光・ヘミ和香訳　A5・336頁・本体3900円＋税　悲嘆の痛みをやり過ごす最も良い方法は，既製のモデルに従うのではなく，その人自身の反応を「手作りする」ことにある。社会構成主義の立場から，死の臨床における治療的会話の新たな枠組みを示す。

## 公認心理師標準テキスト 心理学的支援法

杉原保史・福島哲夫・東 斉彰編著　A5・308頁・本体2700円＋税　特定の学派に閉じこもらずバランスよく学ぶことを推奨し，各学派の理論と技法の最前線と普遍的な治療原理を理解できるよう配慮。並列的な解説に留めず，有機的・立体的な学びを目指す。公認心理師大学カリキュラム「心理学的支援法」に対応した教科書。

## [三訂] 臨床心理アセスメントハンドブック

村上宣寛・村上千恵子著　A5・336頁・本体2700円＋税　医療・保健・教育・福祉・司法・産業など様々な領域で心理職に期待されるアセスメント作業の際に利用しやす過ぎず過ごす本を編集し，DSM-5に対応。実証的な臨床心理学を求める機運をベースに内容を構成。アセスメントの実場面で目的に沿って心理テストを選択し，結果を利用できるよう解説する。

---

心理学って面白そう！どんな仕事で活かされている？　**シリーズ 心理学と仕事〔全20巻〕**　シリーズ 監修　太田信夫

●A5判・約160〜220頁・予価2000〜2600円＋税

| | | | | |
|---|---|---|---|---|
| 1　感覚・知覚心理学 | 2　神経・生理心理学 | 3　認知心理学 | 4　学習心理学 | 5　発達心理学 |
| 6　高齢者心理学 | 7　教育・学校心理学 | 8　臨床心理学 | 9　知能・性格心理学 | 10　社会心理学 |
| 11　産業・組織心理学 | 12　健康心理学 | 13　スポーツ心理学 | 14　福祉心理学 | 15　障害者心理学 |
| 16　司法・犯罪心理学 | 17　環境心理学 | 18　交通心理学 | 19　音響・音楽心理学 | 20　ICT・情報行動心理学 |

## SNSカウンセリング・ハンドブック

杉原保史・宮田智基 編著　若年者の自殺予防・被害予防のため、SNSを用いた相談体制が、国レベルで整備されつつある。本書は、SNS相談実績のある執筆陣が、SNSカウンセリングに必要な知識・技法を紹介。需要がますます増える相談員の研修に最適なテキスト。■ 2600円

## はじめてのプレイセラピー
―― 効果的な支援のための基礎と技法

大野木嗣子 著　プレイセラピーに必要なのは理論に裏打ちされた確かな技法である。子どもとのコミュニケーションの基本技法、アセスメント、親対応、治療セッティング、終結など、導入から集結までの技術を具体的に解説。子どもの臨床家必読の書。■ 2800円

## LGBTQ＋の児童・生徒・学生への支援
―― 教育現場をセーフ・ゾーンにするために

葛西真記子 編著　性の多様性に「対応したいが、どうしたらよいかわからない」という、学校に関わる心理援助職と教職員に、セクシュアル・マイノリティの児童生徒を受け入れるための知識と支援法を届け、学校を誰にとっても安全な場所にすることを目指す1冊。■ 2400円

## 発達性トラウマ障害と複雑性PTSDの治療

杉山登志郎 著　著者が、長年の経験から工夫を重ね実施してきた、外来診療で安全に使うことができる、複雑性PTSDへの簡易型処理を中核とする治療パッケージを紹介。手技の様子は、本書に掲載されたQRコードよりアクセスして、視聴することができる。■ 1800円

## プロが教える共感的カウンセリングの面接術

古宮昇 著　素人の悩み相談とプロの心理面接は何が違うのか。そもそも共感的カウンセリングとは何をしようとするものなのか。心理面接の枠組みと流れ、傾聴的応答法の具体例、そして、プロカウンセラーとしてどうすれば力がつくのかを網羅。動画も視聴できる。■ 2700円

## EMDR標準プロトコル実践ガイドブック
―― 臨床家、スーパーバイザー、コンサルタントのために

アンドリュー・リーズ 著　太田茂行・市井雅哉 監訳　日本初のEMDR標準プロトコル完全訳が、教科書とトレーニングだけでは不足しがちな理論と実践の詳細を明らかにする。EMDRセラピーのスクリプト、記録様式、契約書式など、現場で役立つ情報を多数収録した、現時点でのEMDR解説書の決定版。■ 8500円

### 子どものトラウマ治療のための絵本シリーズ
## えがおをわすれたジェーン

J・カプロー、D・ピンカス 作　B・シュピーゲル 絵　亀岡智美 訳　ジェーンが周囲のサポートによって最愛の父の死を乗り越える物語。愛する人の死別への対処法がわかる。■ 1700円

### 親と離れて暮らす子どものための絵本シリーズ
## モリスといっぱいのしんぱいごと

J・シーニー 作　R・フーラー 絵　鵜飼奈津子 訳　心配事を抱えたモグラのモリスが、信頼できる存在に悩みを打ち明け、心が楽になる姿を描いた本。不安への対処法が理解できる。■ 1700円

### 親と離れて暮らす子どものための絵本シリーズ
## エルファと思い出のはこ

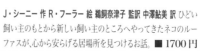

M・ベル 作　R・フーラー 絵　鵜飼奈津子 訳　養育者の交代や環境の変化で混乱しているゾウのエルファが、思い出を振り返り、自分のアイデンティティを確立していく物語。■ 1700円

### 親と離れて暮らす子どものための絵本シリーズ
## ルーファスのあんしんできるばしょ

J・シーニー 作　R・フーラー 絵　鵜飼奈津子 監訳　中澤鮎美 訳　ひどい飼い主のもとから新しい飼い主のところへやってきたネコのルーファスが、心から安らげる居場所を見つけるお話。■ 1700円

## 児童養護施設の子どもへの精神分析的心理療法

平井正三・西村理晃 編　認定NPO法人子どもの心理療法支援会（サポチル）著　過酷な生育歴をもつ施設の子どもが、セラピーによって心を取り戻す過程を、事例を通して解説。■ 3800円

## 公認心理師のための精神分析入門

【保健医療、福祉、教育、司法・犯罪、産業・労働領域での臨床実践】祖父江典人 著　フロイト、クライン、ウィニコットといった精神分析の巨人の理論を端的に平易にまとめ、その特徴を臨床事例で示す。初学者必携の書。■ 2500円

## あいまいな喪失と家族のレジリエンス

[災害支援の新しいアプローチ] 黒川雅代子・石井千賀子・中島聡美・瀬藤乃理子 編著　東日本大震災後の支援の経験をもとに「あいまいな喪失」が通常の喪失とどのように違い、どのような支援が求められるのかを解説。■ 2500円

## 心理療法家の人類学

[こころの専門家はいかにして作られるか] ジェイムス・デイビス 著　東畑開人 監訳　中藤信哉・小原美樹 訳　人類学者でありながら自身が心理療法家でもある著者が、訓練機関のフィールドワークを通じて、「心理療法家になること」がもつ「人間としての変容」という側面を明らかにする。■ 4200円

---

**誠信書房** Tel 03-3946-5666　Fax 03-3945-8880　http://www.seishinshobo.co.jp/　@seishinshobo
〒112-0012 東京都文京区大塚 3-20-6　〔価格は税抜〕

### 「生きてきた苦悩」だけではなく、「生きる強さ」を見つけていく
## ADHDとともに生きる人たちへ
### 医療からみた「生きづらさ」と支援

田中康雄 著
四六判・152頁　本体 1,700円＋税

精神科医として、ADHDをもつ子どもたちとその家族の「生活」にまなざしを注いできた著者が語る、臨床的視点と支援のかたち。

### 事例を通して発達障害の女の子・女性への支援のあり方を学ぶ
## 発達障害のある女の子・女性の支援
### 「自分らしく生きる」ための「からだ・こころ・関係性」のサポート

川上ちひろ・木谷秀勝 編著
A5判・208頁　本体 2,000円＋税

医療・教育・心理の知見、当事者・家族の視点から、発達障害のある女性の「からだ・こころ・関係性」への支援について紹介。

### いま必要な支援と技法をやさしく学ぶ
## 事例で学ぶ 働く人へのカウンセリングと認知行動療法・対人関係療法

杉山 崇 著
A5判・192頁　本体 2,200円＋税

傾聴のみではカウンセリングにはならない。さらに一歩踏み込んだアプローチでクライアントの問題解決に導く。

### 相談をためらう心理へのアプローチの実際
## 事例から学ぶ心理職としての援助要請の視点
### 「助けて」と言えない人へのカウンセリング

水野治久 監修
木村真人・飯田敏晴・永井 智・本田真大 編
A5判・176頁　本体 2,200円＋税

公認心理師の5つの職域（教育・医療・福祉・産業・司法）から12の事例を挙げて、援助要請の問題への理解と関わりの工夫を示す。

### 親の養育行動を包括的に評価する質問紙
Positive and Negative Parenting Scale
**肯定的・否定的養育行動尺度**
# PNPS

**新発売！**

PNPS 開発チーム ［編］
監修者：辻井正次／開発責任者：伊藤大幸／開発副責任者：浜田 恵・村山恭朗

- 親の養育行動を、肯定的養育と否定的養育の両側面から、包括的に評価する質問紙です。
- 各下位尺度は養育行動の重要な概念を包括的にカバーしており、多様な領域の現場や研究で活用できます。
- 養育行動のアセスメントから実際の家族支援につなげるためのツールです。

**商品名と価格**

■検査用紙
　トドラー版（30名分1組）……… 本体3,000円＋税
　※1歳6カ月～3歳（3歳になってからまだ4月を迎えていない）

■検査用紙
　標準版（30名分1組）…………… 本体3,000円＋税
　※3歳（3歳になってから4月1日を過ぎた）～高校生

■マニュアル……………………… 本体4,000円＋税

※商品の詳細は金子書房HP（http://www.kanekoshobo.co.jp）をご覧ください。

### 自閉スペクトラム症の特性と支援ニーズを評価する面接ツール
# PARS-TR

親面接式自閉スペクトラム症評定尺度 テキスト改訂版
一般社団法人 発達障害支援のための評価研究会 編著

自閉スペクトラム症（ASD）の発達・行動症状について母親（母親から情報が得がたい場合は他の主養育者）に面接し、その存否と程度を評定する57項目からなる検査です。

**価格一覧**
- 検査用冊子（10部入り）……… 本体 4,200円＋税
- 評定シート（50部入り）……… 本体 5,000円＋税

※診療報酬点数　D285-3　450点（平成30年3月公表）

※本検査は、医療機関や教育機関、福祉機関などの機関のみに販売させていただきます。
詳細は金子書房HP（http://www.kanekoshobo.co.jp）をご覧ください。

〒112-0012 東京都文京区大塚3-3-7　**金子書房**　URL http://www.kanekoshobo.co.jp
TEL 03(3941)0111　FAX 03(3941)0163

## 分析心理学セミナー1925
### ユング心理学のはじまり

C・G・ユング著／S・シャムダサーニ、
W・マクガイア編／河合俊雄監訳
猪股剛、小木曽由佳、宮澤淳滋、
鹿野友章訳
定価（本体 3,400 円＋税）

ユングの行った英語によるセミナーのうち、最も重要な講義の記録。ユングが自らの言葉で語った、「ユング心理学」への最良の入門書。

## 赤の書 [テキスト版]

C・G・ユング著／S・シャムダサーニ編
河合俊雄監訳／河合俊雄、
田中康裕、高月玲子、猪股剛訳
定価（本体 4,500 円＋税）

オリジナル版からテキスト部分のみを取り出した普及版。シャムダサーニによる渾身の序論や詳細を極めた脚注などをそのまま収録したユング理解に欠かせない最重要テキスト。

## 精神科医の話の聴き方
## 10のセオリー

小山文彦著
定価（本体 1,500 円＋税）

「困った」「どうしよう」「つらい」「憂うつだ」……悩むこころと言葉をどのように受け止めたらよいのか、10の基本原則から具体的な対応を様々な場面ごとに紹介する。

## Q&Aで学ぶ 遊戯療法と
## 親面接の考え方・進め方

竹内健児著
定価（本体 2,800 円＋税）

「退室しぶり」「ズル」「親からの要求」「セラピスト間の不一致」……現場で起こる具体的な問題を200のQ&Aにまとめて解説。クライエントへの受け答えの例を豊富に示す。

### 創元アーカイブス
## 内観療法入門 日本的自己探求の世界

三木善彦著　定価（本体 3,500 円＋税）

内観体験者・指導者の経験をもつ著者が内観者の実際の記録から事例を詳しく紹介。多角的に理解を深める入門書。

### 創元アーカイブス
## 壺イメージ療法 その生いたちと事例研究

成瀬悟策監修／田嶌誠一編著
定価（本体 6,000 円＋税）

日本の臨床土壌から生まれた独自技法を伝える案内書。

---

### 公認心理師カリキュラムに準拠！

## 公認心理師 分野別テキスト　野島一彦【監修】

① 保健医療分野――理論と支援の展開　　津川律子・江口昌克【編著】
② 福祉分野――理論と支援の展開　　　　片岡玲子・米田弘枝【編著】
③ 教育分野――理論と支援の展開　　　　増田健太郎【編著】
④ 司法・犯罪分野――理論と支援の展開　生島浩【編著】
⑤ 産業・労働分野――理論と支援の展開　平木典子・松本桂樹【編著】

**特設サイト公開中！**
[詳しくは創元社HPへ]

公認心理師の活動を具体的にイメージできる現場に出てからも役に立つ実践的テキストシリーズ！

各巻　定価（本体 2,400 円＋税）・A5判・並製・約160頁

公認心理師養成に携わる研究者や第一線の実践家など総勢96人が資格取得に必要な科目に定められている5つの分野を徹底ガイド。各分野の関係法規・制度や機関・施設、課題、そして多職種連携の中での公認心理師の業務について丁寧に解説する。

---

〒541-0047 大阪市中央区淡路町 4-3-6
Tel.06-6231-9010 Fax.06-6233-3111

**創元社**
https://www.sogensha.co.jp/

〒101-0051 東京都千代田区神田神保町 1-2
田辺ビル　Tel.03-6811-0662

# 「公認心理師の基礎と実践」シリーズ 全23巻

野島一彦（九州大学名誉教授）・繁桝算男（東京大学名誉教授） 監修

●数字の巻は既刊です　　各巻　価格 2,000円～2,800円（税別・予価）

大好評！刊行開始

❶公認心理師の職責……野島一彦
❷心理学概論……繁桝算男
❸臨床心理学概論……野島一彦・岡村達也（文教大学）
❹心理学研究法……村井潤一郎（文京学院大学）・藤川　麗（駒沢女子大学）
❺心理学統計法……繁桝算男・山田剛史（岡山大学）
❻心理学実験……山口真美（中央大学）・金沢　創（日本女子大）・河原純一郎（北海道大学）
❼知覚・認知心理学……箱田裕司（京都女子大学）
❽学習・言語心理学……楠見　孝（京都大学）
❾感情・人格心理学……杉浦義典（広島大学）
❿神経・生理心理学……梅田　聡（慶応義塾大学）
⓫社会・集団・家族心理学……竹村和久（早稲田大学）
⓬発達心理学……本郷一夫（東北大学）
⓭障害者・障害児心理学……柘植雅義（筑波大学）・野口和人（東北大学）・石倉健二（兵庫教育大学）・本田秀夫（信州大学）
⓮心理的アセスメント……津川律子（日本大学）・遠藤裕乃（兵庫教育大学）
⓯心理学的支援法……大山泰宏（放送大学）
⓰健康・医療心理学……丹野義彦（東京大学）
⓱福祉心理学……中島健一（愛知学院大学）
⓲教育・学校心理学……石隈利紀（東京成徳大学）
⓳司法・犯罪心理学……岡本吉生（日本女子大学）
⓴産業・組織心理学……新田泰生（神奈川大学）
㉑人体の構造と機能及び疾病……
㉒精神疾患とその治療……神庭重信・加藤隆弘（九州大学）
㉓関係行政論……元永拓郎（帝京大学）

・公認心理師養成カリキュラムに沿った内容　・最良の編者と執筆陣をセレクト　・詳細は小社HPをご覧ください

---

**クラスで使える！　（CD-ROMつき）**
**アサーション授業プログラム**
『自分にも相手にもやさしくなれるコミュニケーション力を高めよう』
竹田伸也・松尾理沙・大塚美菜子著
プレゼンソフト対応の付録CD-ROMと簡単手引きでだれでもアサーション・トレーニングが出来る！ 2,600円，A5並

**イライラに困っている子どものための**
**アンガーマネジメント　スタートブック**
教師・SCが活用する「怒り」のコントロール術
佐藤恵子著
イライラが多い子は問題を起こすたびに叱責をされ，自尊心を失う負のスパイラルに陥りがち。本書は精力的に活動をする著者による1冊。2,000円，A5並

**精神看護のナラティヴとその思想**
臨床での語りをどう受け止め，実践と研究にどうつなげるのか
（帝京大学医療技術学部教授）松澤和正著
さまざまな感情に押しつぶされそうになりながらも患者と向き合う。そんな世界を歩み続けてきた著者の精神看護をめぐる1冊。2,200円，四六並

**荒野の精神医学**
福島原発事故と日本的ナルシシズム
（ほりメンタルクリニック）堀　有伸著
東日本震災後2012年に福島県南相馬市へ移住した精神科医である著者が見たものは，原発事故に打ちのめされる地域と疲弊した人々だった。荒野から新しい知が生まれる。2,600円，四六並

**なんでもやってみようと生きてきた**
**ダウン症がある僕が伝えたいこと**
（ダウン症当事者）南正一郎著
南正一郎，46歳。小中学校は普通学級に通い，高校は養護学校を卒業。中学時代から始めた空手は黒帯で，子どもたちへの指導も行う。ダウン症をもつ，フツーの青年の半生記。1,500円，四六並

**フクシマの医療人類学**
原発事故・支援のフィールドワーク
辻内琢也・増田和高編著
福島第一原子力発電所の事故によって，避難と転居を余儀なくされた人々。本書は，彼らへの支援とフィールドワークを続ける医師で医療人類学者　辻内琢也による記録。2,600円，四六並

**場面緘黙の子どものアセスメントと支援**
心理師・教師・保護者のためのガイドブック
エイミー・コトルバ著／丹　明彦監訳
学校や専門家，保護者たちのための場面緘黙を確実に治療できる方法はもちろん，支援の場で実際に利用できるツールも掲載。全米で活躍する著者による緘黙支援ガイドブック！ 2,800円，A5並

**幸せな心と体のつくり方**
東　豊・長谷川淨潤著
心理療法家・東と整体指導者・長谷川の二人の偉才が行った，心と体と人生を縦にも横にも語り合ったスーパーセッション。幸福をテーマに広がる二人の講義から新しい価値観を見つけられるかもしれません。1,700円，四六並

**学校コンサルテーションのすすめ方**
アドラー心理学にもとづく子ども・親・教職員のための支援
ディンクマイヤーほか著・浅井／箕口訳
米国学校心理学と個人心理学をリードする著者らによる学校コンサルの実践入門の1冊。チーム学校に有効なテクと知見をわかりやすく解説。2,800円，A5並

**教員のための研究のすすめ方ガイドブック**
「研究って何？」から学会発表・論文執筆・学位取得まで
瀧澤　聡・酒井　均・柘植雅義編著
実践を深めたい，授業研究を広めたい。そんな教育関係者のために作られたのがこのガイド。小規模研究会での発表から学会での発表，論文執筆，学位取得までをコンパクトに紹介。1,400円，A5並

**TAT〈超〉入門**
取り方から解釈・病理診断・バッテリーまで
赤塚大樹・土屋マチ著
投映法検査TATの初学者から中級者に向けた入門書。使い方から各図版に現れやすい臨床情報，分析，解釈，フィードバック，テスト・バッテリーなどをわかりやすく解説。2,500円，四六並

**N：ナラティヴとケア**

人と人とのかかわりと臨床と研究を考える雑誌。第10号：医療人類学―いのちをめぐる冒険（江口重幸編）。医療と人間のかかわりを描く。年1刊行，1,800円

---

心と社会の学術出版　tomi shobo
〒181-0002 東京都三鷹市牟礼6-24-12-004
TEL 050-3735-8185/FAX 050-3488-3894
遠見書房 http://tomishobo.com　tomi@tomishobo.com

小社メールマガジンの購読をご希望の方は，mailmagazine@tomishobo.comへ空メールをお送りください
全国の主要書店で販売しております。

## 心理検査のご案内

子どもの行動上の問題をスクリーニング!!
養育者の悩みを推察し
子どもと家族のために
有効な治療的介入を見出します。

## 日本語版 ECBI エクビ
### Eyberg Child Behavior Inventory
### アイバーグ子どもの行動評価尺度

「言うことを聞かない」「乱暴」「落ち着かない」「ぐずぐずする」などは小さな子どもにとっては言わばおなじみの行動です。しかし、その程度が著しく、親が管理できない場合には、家庭内や公共の場で様々な軋轢がおきてきます。また、そのような行動が、ADHD 注意欠如多動性障害や ASD 自閉症スペクトラム障害などの発達障害や反応性アタッチメント障害・脱抑制型社会交流障害などの子どものトラウマ関連障害を背景に起きてくることもあります。子どもの年齢が上がるにつれ、これらの問題行動がより深刻な反抗挑戦性障害・素行障害や行動化に繋がっていくこともあるため、事例化した場合は深刻化する前にできるだけ早く現状を把握し、場合によって治療や療育の場に繋げていくことが重要です。ECBI は子どもの行動上の問題と親の育児困難感を同時に評価することができる簡便な評価尺度です。臨床や地域保健などでのスクリーニングや、介入的治療の進捗度の把握など様々な場面にご活用ください。（日本語版 ECBI 使用マニュアル より抜粋）

原著：Sheila Eyberg, Phd　日本語版著者：加茂登志子
原版発行：Psychological Assessment Resources, Inc.
対象年齢：2歳～7歳　回答時間：約10分
本体価格：使用マニュアル 3,000 円・検査用紙（20 部）5,600 円

### 心理検査専門所　千葉テストセンター

〒167-0022 東京都杉並区下井草 4-20-18
TEL 03(3399)0194　FAX 03(3399)7082

 ・24 時間受付・商品点数 800 点
・お見積り / お問い合わせフォーム完備

検査内容の詳細については、右記 QR コードより HP にてご確認ください。

# ナカニシヤ出版

## 公認心理師のための説明実践の心理学
山本博樹 編著
各領域で公認心理師に求められる説明と質、あり方を提言。2000円

## 犯罪心理学
森 丈弓 著
矯正現場での経験を踏まえ、くわしく解説。4600円

◎再犯防止とリスクアセスメントの科学

## 思春期のこころの問題と予後
倉本英彦 著
◎精神科医による実証的アプローチ
予後の見立てを考える。2600円

## 産業・組織心理学エッセンシャルズ【第4版】
外島 裕 監修・田中堅一郎 編
最新研究動向も盛り込んだ好評テキストをアップデート。2900円

## リフレクティング
矢原隆行 著
◎会話についての会話という方法
まったく新たなコミュニケーション空間の創出方法。2000円

## スクールカウンセリングにおける投影描画アセスメント
加藤大樹・鈴木美樹江 著
現場で活用可能な解釈の視点を提供する。3000円

## 保健と健康の心理学標準テキスト②
保健医療・福祉領域で働く心理職のための法律と倫理
山崎久美子・津田 彰・島井哲志 編
公認心理師必読。3200円

## 「理性」への希望
白岩祐子 著
裁判員の法的判断に関する心理学的実証研究。5000円

◎裁判員としての市民の実像

## 不登校の子どもの理解と支援
寺田道夫 著
理解の仕方から対処まで。2800円

◎学校で今できることとは何か

## 福祉心理学の世界
中山哲志・稲谷ふみ枝・深谷昌志 編
ウェルビーイングを目指す心理学の役割とは何か。2100円

◎人の成長を辿って

## 傾聴・心理臨床学 アップデートとフォーカシング
池見 陽 編著
新たな傾聴の心理学。2800円

◎感じる・話す・聴くの基本

## コラージュ療法
今村友木子・二村 彩・加藤大樹・今枝美幸著
コラージュ療法に本当に必要な基本材料とは何か。3200円

◎材料からの再考

TEL 075-723-0111
FAX 075-723-0095
〒606-8161 京都市左京区一乗寺木ノ本町15
http://www.nakanishiya.co.jp/
〔税抜価格〕

---

# SACCESS・BELL ご利用ください。
## お電話一本,メール一本で

あらゆる発行元の検査ツールをお届けします。
サクセス・ベルは心理検査の総合代理店。
日本のエーゲ海（瀬戸内海）のネット型・参画型事業体です。

総合カタログ～パンフ等お送りします。
ホームページからダウンロードも出来ます。

## http://www.saccess55.co.jp/

**S**cientific
**ACCESS**
for
the
**BE** tter
**L**ife

というスタンスが社名です。

●代表的ユーザー
学生相談室カウンセラー
スクールカウンセラー
臨床心理士
クリニック・精神科医師
産業カウンセラー
能力開発トレーナー
人事採用担当者・研修担当者
福祉関係指導者
特殊教育障害児教育指導者
学校教諭養護教諭
幼児教育関係者

●代表的発行元
チーム医療
金子書房
クリエーションアカデミー
日本文化科学社
日本精神技術研究所
三京房
竹井機器
田研出版
実務教育出版
日本ポーテージ協会
学芸図書
ユーネット研究所

●代表的検査
交流分析ビデオ
箱庭療法用具
カウンセリング
ロールシャッハテスト
TEG・SCT
CMI・SDS・YG
内田クレペリン検査
WISC～WAIS
SLTA・リハブ・MMS
自律訓練ビデオ
人事採用検査　各種
学校用集団式検査　各種

## SACCESS・BELL
サクセス・ベル株式会社
http://www.saccess55.co.jp/
E-mail（代）
jp-bell@saccess55.co.jp
Tel　0823-45-5555
IP電話　050-3539-6806
Fax　0823-45-3535

〒737-2302
広島県江田島市能美町鹿川3642-1

# 日本評論社

## アタッチメントの精神医学
### 愛着障害と母子臨床
山下洋[著]

周産期以降の母子への多職種による支援が、不適切養育とその連鎖を抑止する。愛着理論の基礎から臨床実践、最新の実証研究まで。
●2700円+税

## 「助けて」が言えない
### SOSを出さない人に支援者は何ができるか
松本俊彦[編]

依存症、自傷・自殺等、多様な当事者の心理をどう理解し関わるか。大好評を博した『こころの科学』特別企画に新稿を加え書籍化。
●予価1600円+税（7月上旬刊）

## ストレスに強い人になれる本
宮田雄吾[著]

「休もう」「相談しよう」では終わらない思考&行動術を多彩なエピソードとともに紹介。読めば少しは楽になる、読む処方箋！
●予価1500円+税（7月中旬刊）

## オープンダイアローグがひらく精神医療
斎藤環[著]

「開かれた対話」を通じて精神疾患にアプローチするこの画期的な手法であり思想を、日本に導入すべく奔走する著者の最新論集。
●予価2000円+税（7月上旬刊）

## 精神医療のゆらぎとひらめき
横田泉[著]

統合失調症を中心に治療に40年間携わってきた筆者が、生きることはどういうことかを考え続けて到達した珠玉のメッセージの続編。
●予価2000円+税（7月中旬刊）

## てんやわんやのトーシツ・ライフ
中村ユキ[著]

統合失調症のお母ちゃんとの生活で得た回復を促す知恵とヒントが満載！長年介護してきた家族のメンタル維持の秘訣は？
●予価1200円+税（7月中旬刊）

## こころの科学 206号
### 特別企画 子育て支援と虐待予防
奥山眞紀子[編]

多機関による妊娠中からの切れ目ない支援が子ども虐待や不適切養育を未然に防ぐ。地域保健や医療等、現場の取り組みを豊富に紹介。
●予価1270円+税（6月25日発売）

## こころの科学増刊
### 公認心理師試験の問題と解説2019
こころの科学編集部[編]

第1回試験問題・全154問を分野別に詳しく解説。第1回試験および第2回試験のブループリント(出題基準)との比較対照を詳細に行い、第2回試験に完全対応！
●予価1800円+税（6月下旬刊）

## こころの科学増刊
### 公認心理師養成の実習ガイド（仮題）
日本公認心理師養成機関連盟[編]

公認心理師の養成にとって欠かせない「実習」科目のポイントや既に行っている大学での実践を、養成機関連盟編集のもとに紹介する。
●予価1600円+税（7月中旬刊）

〒170-8474 東京都豊島区南大塚3-12-4 ☎03-3987-8621 FAX 03-3987-8590
https://www.nippyo.co.jp/ ご注文は日本評論社サービスセンターへ ☎049-274-1780 FAX 049-274-1788 ※表示価格は本体価格

---

# 人文書院

## 【新刊】ウィニコットとの対話
ブレット・カー著　妙木浩之/津野千文訳
四六判並製412頁　本体価格4,000円+税 2019年4月発売

ウィニコット研究の第一人者の著者が、なんと博士をあの世からよびだして、お茶をのみながらインタビューするというなんとも贅沢で奇想天外なウィニコット入門。

未公開のケース記録や書簡、膨大な文献、元秘書など関係者のインタビューからウィニコットの息遣いと理論の要が見事に表現された一冊となっている。重要な精神分析家などウィニコットのまわりにいた人物たちの充実した評伝（リスト）つき。

### 人文書院 既刊より

## つながりからみた自殺予防
太刀川弘和著
四六判並製260頁
本体2,800円+税

自殺は個人の問題なのか？社会の問題なのか？かみあわない自殺対策への最新の提言。

## 享楽社会論 現代ラカン派の展開
松本卓也著
四六判並製300頁 本体2,200円+税

精神分析の言説に新たな息吹をもたらす、ラカン派の俊英による鮮やかな社会論。

## フェレンツィの時代
―精神分析を駆け抜けた生涯
森茂起著
四六判上製240頁 本体3,600円+税

トラウマ理論、関係論のパイオニアの知られざる生涯と思想。

〒612-8447 京都市伏見区竹田西内畑町9　TEL075-603-1344 FAX 075-603-1814
http://www.jimbunshoin.co.jp/　新刊・イベント情報配信中 twitter @jimbunshoin

## ミネルヴァ書房

### 季刊 発達

**定期購読のおすすめ**
1・4・7・10月各25日発売／B5判各120頁／各号1500円
【定期購読】発達・保育などの最新の情報をお届けする発達の定期購読のお申し込みは、小社営業部(075-581-0296)迄どうぞ

### 発達 158
**特集 ①保育の質向上を考える ②遊びの力 ——新しい遊びへのまなざし**

[特集執筆者] 汐見稔幸／無藤 隆／大豆生田啓友／中野茂ほか

保育・幼児教育の質とは何なのか。質向上のために何が求められるのかを探るとともに「遊びの意味」を問い直し、保育の未来を考える特集。

### ⑱ 教育・学校心理学
子どもの学びを支え、学校の課題に向き合う
水野治久／串崎真志 編著

### ⑧ 学習・言語心理学
支援のために知る「行動の変化」と「言葉の習得」
郷式 徹／西垣順子 編著

【公認心理師カリキュラムの科目に対応した最新テキストシリーズ】
川畑直人／大島 剛／郷式 徹 監修◆公認心理師の基本を学ぶテキスト〈全23巻〉
既刊2点／A5判美装カバー／各2000円

### キャンパスライフ サポートブック
香月菜々子／古田雅明 著●こころ・からだ・くらし 大学生活の過ごし方やトラブルへの対処法、メンタルヘルスの悩みについて登場人物たちと一緒に学ぶくらしのガイド。 2000円

### 臨床ナラティヴアプローチ
森岡正芳 編著 様々な領域にまたがり発展している「ナラティヴアプローチ」を理論と実践の両面から学ぶ入門書。 3000円

### 「学校」を生きる人々のナラティヴ
——子どもと教師・スクールカウンセラー・保護者の心のずれ
山本智子 編著 元生徒と教師・スクールカウンセラーの語り合い等を通じ、私たちが自明だと考えている学校についての認識を捉え直し、学校が抱える課題の本質や、学校がもつ可能性などについて考える。 2600円

〒607-8494 京都市山科区日ノ岡堤谷町1 ＊表示価格税別　目録呈
TEL 075-581-0296　FAX 075-581-0589　www.minervashobo.co.jp/

---

## 学苑社

### 公認心理師・臨床心理士のための 発達障害論【新刊】
インクルージョンを基盤とした理解と支援

大石幸二【監修】 山崎晃史【編著】
● A5判／本体2800円+税

**公認心理師・臨床心理士が現場で活用できる実践の書**

発達障害の基礎理解として、診断論、障害論、原因論について整理し、さらに幼児期の育ちから成人期の就労まで、時間軸に沿った支援を解説する。個人の特性にのみ問題を還元しない生態学的あるいは関係性の視点を重視した、インクルーシブな環境を実現するためのテキスト。

| 第1部 | 発達障害の基礎理解 |
|---|---|
| 第1章 | 発達障害支援における公認心理師・臨床心理士の役割 |
| 第2章 | 診断論1 |
| 第3章 | 診断論2 |
| 第4章 | 障害論 |
| 第5章 | 原因論 |
| 第2部 | ライフサイクルに沿った心理支援 |
| 第6章 | 連携と協働 |
| 第7章 | 社会資源を知る |
| 第8章 | 初期発達支援 |
| 第9章 | 家族支援としての発達支援 |
| 第10章 | 児童期1 |
| 第11章 | 児童期2 |
| 第12章 | 移行期の支援 |
| 第13章 | 成人期の支援 |
| 第3部 | 心理支援の可能性 |
| 第14章 | さまざまな局面における心理支援 |
| 第15章 | インクルーシブな心理支援のこれから |

### ビジュアルブック ASD[自閉スペクトラム症]の君へ【新刊】
ラクな気持ちになるためのヒント集

ジョエル・ショウル【著】
大石幸二【監訳】
● B5判横長
　本体2500円+税

**自分でできる気持ちの整え方**

自閉スペクトラム症（ASD）のある子どもが、からだや気持ちを調整するためにできる簡単な方法を、ピクトグラムやイラストで示したガイドブック。ものすごく心配な気持ちの日でさえ、前向きに取り組むことを後押ししてくれるでしょう。

●**本書の特長**
・からだや気持ちをラクにするための簡単な方法がわかる
・イラストやマークがわかりやすい
・困った場面やツライ状況をうまくやり過ごすためのヒントがたくさん
・ワークシート付き（コピーして使える）

〒102-0071　東京都千代田区富士見2-10-2 飯田橋グラン・ブルーム5F
https://www.gakuensha.co.jp/　　TEL 03-3263-3817　FAX 03-3263-2410

# 新刊案内

**Ψ金剛出版**　〒112-0005 東京都文京区水道1-5-16　Tel. 03-3815-6661　Fax. 03-3818-6848
e-mail eigyo@kongoshuppan.co.jp　URL http://kongoshuppan.co.jp/

## プロカウンセラーが教える対人支援術
心理・医療・福祉のための実践メソッド
［著］大谷彰

現場で誰もが経験している担当ケースの停滞……クライアントにも支援者にも見えなくなったゴールを，一体どうやって見つければいいのか？　経験と知恵を重ねたプロカウンセラーは答える──「たゆまぬトレーニングで身につけたテクニックだけが，目標の設定と達成を約束する」。磨き抜かれたスキルをたずさえて，心理・医療・福祉の現場ではたらくプロフェッショナルのための実践スキルガイド。　　　　　　　　　　　　　　本体2,600円＋税

## [新訂増補] パーソナリティ障害の精神分析的アプローチ
病理の理解と分析的対応の実際
［編］松木邦裕　福井敏

パーソナリティ障害への精神分析的心理療法という，病者のこころの本質を知り，その本質に働きかけていく治療手技の実際を提示することを試みる。さらに，そのために求められる理論や鑑別，治療手技が活きるための協働態勢や環境の準備についても提示している。好評で版を重ねた初版に新たに3編の論考を加え，全編にわたって再検討がなされた。

本体3,800円＋税

## 事例で学ぶ統合失調症のための認知行動療法
［編著］石垣琢麿　菊池安希子　松本和紀　古村健

妄想・幻聴・陰性症状に焦点化する「症状中心アプローチ」，研究と実践の往還を重視する「エビデンス・ベイスト・プラクティス」を両輪とする「統合失調症のための認知行動療法（Cognitive Behavior Therapy for psychosis : CBTp）」を探究し，実践経験の情報共有，スーパーヴィジョン，臨床研究協力を目的として結成された「CBTpネットワーク」。ひとつの到達点としての本書では，「早期介入・触法事例・地域支援」のケーススタディを通じて，CBTpのエッセンスを余すところなく解説する。　　本体4,200円＋税

# 新刊案内

**Ψ 金剛出版**　〒112-0005　東京都文京区水道1-5-16　Tel. 03-3815-6661　Fax. 03-3818-6848
e-mail eigyo@kongoshuppan.co.jp　URL http://kongoshuppan.co.jp/

## 子どものトラウマ
アセスメント・診断・治療

［責任編集］笠原麻里　日本トラウマティック・ストレス学会編集委員会

虐待，ドメスティック・バイオレンス（DV），身体疾患，災害などによる子どものトラウマをどのようにケアし，治療に結びつけていくのか。本書では，第一線で子どものトラウマに携わる専門家たちが，たゆみない研究と実地の経験から得られた知見を惜しみなく提示する。第Ⅰ部ではトラウマ体験やPTSD症状をアセスメントする各種評価法が解説される。第Ⅱ部で子どものトラウマ症状をアタッチメントの観点から考察を加えて支援と治療につないでいき，第Ⅲ部でトラウマ体験を誘引とする素行障害や自殺行動といった重要なテーマにも言及する。　　　　　　　　　　　　本体3,200円＋税

## こころの危機への心理学的アプローチ
個人・コミュニティ・社会の観点から

［監修］窪田由紀　森田美弥子　氏家達夫
［編］河野荘子　金子一史　清河幸子

すべての現代人は，危機から無関係ではいられない。そのこころの危機に個人，コミュニティ，社会レベルから，心理学がこれまで貢献してきたこと・できなかったこと・今後できること・すべきことについて論じ，予期せぬ"こころの危機"に遭遇した際に，冷静に受けとめ，何某かの糧を見出していくための情報を心理学から発信できることを目ざす。　　本体3,200円＋税

## 動作療法の治療過程
［編著］成瀬悟策

本書は，からだを動かすことを通してこころの不調を変化させようとする新しい心理療法（動作療法）の進め方を，実際の治療過程に沿って提唱，解説したものである。この動作療法はこころとからだ（動作）の一体的，調和を基礎に置く東洋的立場に基礎を置きながら，その技法は今日的な一般心理療法やカウンセリングに則りながら，具体的な進め方は全く独自の新しい心理療法を発展させている。動作療法では治療課題としての選ばれた動作パターンを実現，達成することを通して，自信ある自由，主導的な前向きの動作の仕方，ないしこころを体験することを目指す。　　　　　本体3,400円＋税

# 新刊案内

Ψ金剛出版　〒112-0005 東京都文京区水道1-5-16　Tel. 03-3815-6661　Fax. 03-3818-6848
e-mail eigyo@kongoshuppan.co.jp　URL http://kongoshuppan.co.jp/

## バウムテストQ&A
[著] 阿部惠一郎

一見簡単そうに見えて，使ってみると実は結構難しいバウムテスト。木の画を描いてもらうだけなのに，被検者に聞かれたら困ってしまうような質問をQ&Aで解決していく。後半には事例を用いて，1からバウムテストの読み方を解説する。
——「なぜ木？　なぜ3枚法？」「実施法について」（利き手／年齢／用具／彩色／インストラクション／実施時期／やってはいけないこと／描画後の質問）「時間，中断，トラブルへの対処」（時間／中断／トラブルへの対処／検査態度・観察ポイント／サインの解釈・精神疾患との関連／フィードバック・所見／学習方法／文化による違い）　　　　　本体2,400円＋税

## 神経心理学的アセスメント・ハンドブック 第2版
[著] 小海宏之

臨床現場でよく使用される神経心理学的アセスメントの概論および高次脳機能との関連も含めた総合的な神経心理学的アセスメントの解釈法について症例を交えて解説。第2版では，新たに開発された神経心理検査や日本語版として標準化された最新の検査も紹介している。神経心理学的アセスメントに関わる医師，公認心理師，臨床心理士，作業療法士，言語聴覚士，看護師など専門職の方々だけでなく，神経心理学的アセスメントを学ぶ学生や大学院生に向けたハンドブック。　　　　　　　　　　　　　　　　　本体4,200円＋税

## 知的・発達障害における福祉と医療の連携
[編著] 市川宏伸

「福祉施設における医療の現状」を福祉・看護・医師・利用者の立場から，「医療における知的・発達障害の現状」を児童精神科・小児神経科・精神科から論じ，強度行動障害を対象とした支援を紹介する。また「知的・発達障害への医療」として，成人期の知的発達障害者の健康管理や人間ドックの実践，「福祉と医療の連携における方向性」を医療，福祉，行政からさぐり，誰にでも住みやすい社会のために今後の日本に必要なものを展望する。
本体3,200円＋税

# 好評既刊

**Ψ金剛出版**　〒112-0005　東京都文京区水道1-5-16　Tel. 03-3815-6661　Fax. 03-3818-6848
e-mail eigyo@kongoshuppan.co.jp　URL http://kongoshuppan.co.jp/

## CRAFT 依存症患者への治療動機づけ
### 家族と治療者のためのプログラムとマニュアル

[著] ジェーン・エレン・スミス　ロバート・J・メイヤーズ
[監訳] 境泉洋　原井宏明　杉山雅彦

CRAFTは，薬物・アルコール依存者と家族のための優れた治療プログラムとして米国において広く普及している認知行動療法プログラムである。薬物依存症患者に対して，認知・行動的技法，機能分析を主として用い，クライエントに関係する家族や友人を通して治療に取り組むことによって，治療を拒否している患者を治療につなげる介入である。　　　　本体3,800円＋税

## CRAFT ひきこもりの家族支援ワークブック
### 若者がやる気になるために家族ができること

[著] 境泉洋　野中俊介

ひきこもり支援においては，当の若者へのアプローチが難しいため，まずは実現可能性の高い家族，特に親への支援が最も重要となる。全8回のプログラムを通して，ひきこもりのメカニズムを正しく理解し，コミュニケーションや問題解決の技法を家族に具体的に教えていくことで，家族関係の改善を促し，若者と社会をつなぐことができる。あらゆる職種の方々が家族と一緒に取り組む際に有用な援助のためのワークブックである。　本体2,800円＋税

## CRA 薬物・アルコール依存への コミュニティ強化アプローチ

[著] H・G・ローゼン　R・J・メイヤーズ　J・E・スミス
[監修] 松本俊彦　[監訳] 境泉洋　[訳] 風間芳之　風間三咲

コミュニティ強化アプローチ（CRA）は，オペラント条件付けに基づく行動療法による治療プログラムである。アルコールもしくはドラッグの使用は，強化の影響下にあることの顕れとしての行動である，と考えられている。CRA治療法は，物質使用よりも報酬の大きな，新しいライフスタイルを発見することを目指している。依存症臨床の最前線で働く援助者にとって，きわめて実践的有用なテキスト。　　　　　　　　　本体3,000円＋税

# 好評既刊

Ψ金剛出版　〒112-0005 東京都文京区水道1-5-16　Tel. 03-3815-6661　Fax. 03-3818-6848
e-mail eigyo@kongoshuppan.co.jp　URL http://kongoshuppan.co.jp/

## 地域における
## ひきこもり支援ガイドブック
### 長期高年齢化による生活困窮を防ぐ

［編著］境泉洋

ひきこもり状態にある人は，複合的な困難のために地域に居場所を見出すことができずにいます。その状態にある人への支援において最も重要なのは，ひきこもり状態にある人にとって魅力的な居場所を地域に確保することです。本ガイドブックでは，魅力的な居場所をどう作り，その居場所にどうつなげ，支援していくかを紹介します。　　本体3,200円＋税

## アルコール依存のための治療ガイド
### 生き方を変える「コミュニティ強化アプローチ」[CRA]

［著］ロバート・J・メイヤーズ　ジェーン・エレン・スミス
［監訳］吉田精次　境泉洋　［訳］渋谷繭子

もし，患者が「アルコール依存」より「シラフ」の生活の方がより良いものと感じられたら――。それは患者にとって幸福な人生につながり，治療者にとって格別な有用感のもてるセラピーとなるだろう。コミュニティ強化アプローチ（CRA）は，そうした哲学から生まれた物質使用問題のための画期的な治療法である。回復過程にある患者に，自身がかかわる社会，娯楽，家族，職業などの因子を媒介させ，シラフの生活が豊かで実り多いものと感じさせながら，自らの力で変わろうとする意欲を引き出す。　本体3,200円＋税

## ひきこもりの心理支援
### 心理職のための支援・介入ガイドライン

［監修］一般社団法人 日本臨床心理士会　［編集］江口昌克

同じ当事者でも，場や関係により，その姿は一様ではなく，心のありようも微妙に変化し続ける。そうした当事者に，支援者は視点を移動させたり，関係者との連携の中でさまざまな情報を総合しながら考え，取り組むことが必要である。相談室での一対一の面接方法にこだわるのではなく，支援者自身がいかにそこから自らを解放してものを考え，関わりのバリエーションをもつかが求められる。本書では，心理職として「ひきこもり」をどう理解し，アセスメントし，支援していくかを，予防・教育アプローチ，家族支援，コミュニティーワークなど援助技術各論を紹介する。　本体3,400円＋税

# 好評既刊

**Ψ 金剛出版**　〒112-0005　東京都文京区水道1-5-16　Tel. 03-3815-6661　Fax. 03-3818-6848
e-mail eigyo@kongoshuppan.co.jp　URL http://kongoshuppan.co.jp/

## 犯罪心理鑑定の技術
[編著] 橋本和明

司法専門職ではない裁判員が重大事件を裁判官とともに審議・判断する裁判員裁判制度が2009年に始まり,「なぜ彼／彼女は罪を犯したのか」という根本を問うことの重要性はかつてなく高まりつつある。被告人の心理や犯行メカニズムを見定める手法「犯罪心理鑑定」は情状鑑定とも呼ばれ,専門家＝鑑定人の法廷証言において,被告人のパーソナリティ,家庭環境,成育史を調査し,犯罪との関係を解説するだけでなく,被告人の更生の可能性やその方法について見解を述べ,裁判員が被告人の全体像をとらえた判断を下すための条件を整えていく。心理鑑定専門家たちの経験を結集して実務に資する高い技術を育むための「犯罪心理鑑定マニュアル」。　本体4,200円＋税

## 非行臨床の技術
実践としての面接・ケース理解・報告
[著] 橋本和明

主観的事実と客観的事実の間,初回面接と終局面接の間,少年と家族の間,加害と被害の間,社会と個人の間,法と心の間で,非行臨床家は何を想い考えてきたのか。——一対一面接で対応する心理臨床一般に対し,暴力事件や犯罪行為に手を染めた少年を罪状決定・更生措置へと導く非行臨床を,家庭裁判所調査官を経験した著者が10の技術論とケースレポートによって総括する。法廷で「客観的事実」によって裁かれる少年たちは,生きづらさという「主観的事実」をも抱えている。本書において特筆すべきは,「主観的事実」という弱く儚い力に触れる,事実への感応力にある。　本体3,800円＋税

## 子育て支援ガイドブック
「逆境を乗り越える」子育て技術
[編] 橋本和明

発達障害,児童虐待,家庭内葛藤,非行,いじめ,自己破壊行動によって息切れした「むずかしい子育て」に焦点を当て,対人援助者の条件と資質を問う。発達障害のための子育て技術では学校生活支援・保護者支援を,児童虐待のための子育て技術では被虐待児支援・里親制度・民事係争家庭支援を,問題行動のための子育て技術では非行臨床・児童福祉支援・いじめや問題行動に直面した親支援を重視する。「できていないところ」を強調するのではなく「できるところ」からはじめる,育つ子も育てる親も楽になる〈方法としての子育て技術〉のためのリソースブック。　本体3,700円＋税

# 好評既刊

Ψ金剛出版　〒112-0005　東京都文京区水道1-5-16　Tel. 03-3815-6661　Fax. 03-3818-6848
e-mail eigyo@kongoshuppan.co.jp　URL http://kongoshuppan.co.jp/

## 子どもの法律入門 第3版
臨床実務家のための少年法手引き
[著] 廣瀬健二

子どもに関する法律のあり方や運営方法，その下で行われる非行少年らの司法的処遇といった少年法に関するものだけではなく，非行に走った子どもにかかわりの深い児童福祉法などに関しても，本書では多くの解説がなされている。また，「法と心理の対話」と題された対談では，元家庭裁判所調査官で心理臨床家の村瀬嘉代子教授との，非行少年と家庭裁判所の問題などをめぐる座談も収録している。今回の改訂では，平成26年の改正等はもちろん，今後の少年法の行方だけでなく，海外における少年法の実態調査等も掲載。

本体2,600円＋税

## 非行臨床の新潮流
リスク・アセスメントと処遇の実際
[編著] 生島浩　岡本吉生　廣井亮一

非行少年の「立ち直り」において蓄積されてきた臨床の知と，社会的要請に対する根拠(エビデンス)に基づく説明責任の間で，非行臨床は岐路に立たされている。「理解しがたい非行」を位置づけながら，同時にそのレッテルを「ぼかし」，社会の中に少年の居場所を作り出さなければならない。発達障害への配慮が一般化し，法社会化が進行するなか，本書には非行臨床に課せられたこの「モニター(監視)」機能と「リハビリテーション(社会復帰)」機能の相克への新たな回答が集められている。非行予防から地域生活支援まで。非行少年「立ち直り」の新しい流れを気鋭の実践家，研究者がレポートする。

本体2,800円＋税

## 非行・犯罪少年のアセスメント
問題点と方法論
[著] ロバート・D・ホッジ　D・A・アンドリュース
[訳] 菅野哲也

少年犯罪の低年齢化や凶悪化がさかんに取り上げられ，科学的な根拠がないまま少年犯罪の厳罰化を求める雰囲気が作られつつある。本書では，最近の少年司法領域の理論を分かりやすく解説し，新しい標準化心理検査法を紹介しながら，少年司法制度の効果的な運営のために標準化心理検査を活用すべき点について説明されている。適正なアセスメントを経て非行や犯罪の原因，環境や家庭の問題，少年像を解明していくことは，関与する機関が効果的に対象少年の問題に対処していくことの助けとなる。

本体3,200円＋税

# 精神療法
JAPANESE JOURNAL OF PSYCHOTHERAPY

● 各2,000円／増刊2,800円／年間購読料14,800円（含増刊号）[本体価格]

● バックナンバーの詳細は営業部までお問い合わせください。
● 定期購読のお申し込みは、何巻何号よりとご指定ください。
● 全国書店・生協を通じても定期購読ができます。
（版元定期・書籍扱いと書店にお伝えください）

● 第45巻第3号／特集 複雑性PTSDの臨床——"心的外傷〜トラウマ"の診断力と対応力を高めよう

| | |
|---|---|
| はじめに——本特集に込めた，ほのかで切実な願い | 原田誠一 |
| 複雑性PTSDの概念・診断・治療 | 飛鳥井望 |
| 複雑なPTSDの治療手順 | 神田橋條治 |
| CPTSDについて考える | 岡野憲一郎 |
| 複雑性PTSDの病態理解と治療——認知行動療法〜スキーマ療法の立場から | 伊藤絵美 |
| 複雑性PTSDの病態理解と治療——認知行動療法〜STAIR/NSTの立場から | 丹羽まどか |
| 児童の複雑性PTSDへの対応 | 細金奈奈・齋藤真樹子 |
| 複雑性PTSD〜軽症・複雑性PTSDの心理教育と精神療法の試み——気分障害と不安障害を例にあげて | 原田誠一 |

[エッセイ] 青木省三／市井雅哉／亀岡智美／齊藤万比古／杉山登志郎／中村伸一／林　直樹／福井義一／千葉俊周・金沢徹文・川人光男・米田　博

〒112-0005　東京都文京区水道1-5-16　URL http://kongoshuppan.co.jp/
Tel. 03-3815-6661　Fax. 03-3818-6848　e-mail　kongo@kongoshuppan.co.jp

# 出版協力のご案内

小社は1968年の創業以来，1975年には『季刊精神療法』（1991年『精神療法』と改題），2001年には『臨床心理学』を創刊し，精神医学，臨床心理学，精神保健福祉の専門誌・専門書・研究書を刊行して参りました。このたび学位論文，研究論文，記念論文集など，日々の研究成果を世に問いたいと願うご希望にお応えするべく，出版協力を承ることとなりました。詳細に関しましてはご相談をさせていただきたく存じますので，ご関心のある皆様におかれましては，ぜひ一度ご連絡をいただけますようお願い申し上げます。

## ❶ 教科書出版
大学および関連する研究機関における教科書採用を前提とした出版をお手伝いいたします。

## ❷ 研究助成出版
日本学術振興会，大学，各種財団・団体による出版助成補助，ならびに著者個人による出版費用補助を前提とした出版をお手伝いいたします。

## ❸ 学会誌制作
進捗管理・編集・校正・印刷など，学会誌刊行までの出版業務をお手伝いいたします。

◉ お問い合わせ先―――金剛出版出版部（Tel 03-3815-6661 / E-mail pub@kongoshuppan.co.jp）

Ψ 金剛出版
〒112-0005 東京都文京区水道1-5-16　URL：http://kongoshuppan.co.jp
Tel：03-3815-6661　Fax：03-3818-6848　E-Mail：kongo@kongoshuppan.co.jp

男女共学

TOKYO KASEI UNIVERSITY GRADUATE SCHOOL

# 東京家政大学大学院
## 臨床心理学専攻

本専攻は、医療・教育・福祉・産業・司法等のあらゆる領域で
適切な支援介入および研究のできる
公認心理師と臨床心理士を養成しています。

**取得できる資格**

公認心理師試験受験資格【国家資格】
臨床心理士資格試験受験資格【臨床心理士養成第1種指定大学院】

**東京家政大学大学院の特色**

研究発表等への助成が充実しています。
2年分の学費で4年まで在籍可能です。

### 2020年度入試日程等

博士 人間生活学専攻と修士 臨床心理学専攻ともに以下の日程です。

| 入試種別 | 試験日 | 出願期間 | 合格発表 |
|---|---|---|---|
| 1期<br>一般入試<br>社会人特別入試 | 2019年<br>10/28(月) | 10/10(木)<br>〜<br>10/16(水) | 10/31(木) |
| 2期<br>一般入試<br>社会人特別入試 | 2020年<br>2/6(木) | 1/14(火)<br>〜<br>1/20(月) | 2/10(月) |

**問合せ・資料請求先**

東京家政大学大学院 大学院事務室
〒173-8602　東京都板橋区加賀1-18-1　TEL 03-3961-3473/FAX 03-3961-5260
E-mail : daigakuin@tokyo-kasei.ac.jp